石川和男＋千葉善春

一生モノの副業

この1冊でわかる大学講師のなり方

左右社

はじめに

いきなりですが、イメージしてみてください。

場所は、大学の教室。窓の外には緑のキャンパス。あなたは教壇に立ち、得意分野を学生たちに教えている。学生は目を輝かせ、頷き、ノートをとる。休憩時間には、あなたのもとに駆け寄り、質問や相談をする。

なに？　夢の話？　いいえ現実の話です。あなたが大学で登壇する。その方法をこれからお話しいたします。ただし一つ条件があります。さすがに誰でも登壇できるわけではありません。登壇できるのは、たとえば次のような方々です。

・弁護士という法律の専門家の立場で、トラブル回避方法を教えたい。
・税理士の知識を活かし、税金の使い道や種類について伝えたい。
・行政書士として開業している。会社設立や許可申請のノウハウを教えたい。
・経営コンサルタントとして、会社組織について伝えたい。

・人事コンサルタントとして、就職活動のアドバイスをしたい。
・ファイナンシャルプランナーの知識を活かし、生活設計について話したい。
・営業一筋。営業の真髄を伝えたい。
・総務、人事、庶務を渡り歩き、会社法、民法などの法律に詳しい。
・今年で退職するが、いままで経験してきた実学を伝えたい……。

ほかにも、社会保険労務士、弁理士、マナーコンサルタント、セミナー講師、経理部、企画部、出版編集者、元キャリアウーマンなど職種や仕事内容は問いません。共通のキーワードは「実学について伝えたいことがある」。これが登壇できる条件です。

それが登壇の条件なの？　あなたは、信じられないかもしれません。

私も、大学をはじめ短大、専門学校などの高等教育機関で登壇することは、かなりハードルが高いものだと思い込んでいました。

大学、短大で登壇するためには、大学院に進み、最低限英語が話せ、論文を提出し、博士号を取った者だけが登壇できる。専門学校だと東京大学や早稲田大学出身で専門分野に造詣が深いスペシャリスト。どちらにしても選ばれし者だけが登壇できる。そんなイメージをもっていました。

ところが、こんな私でも登壇できたんです。

ただ「こんな私」といっても、どんな私か知らないですよね？

自己紹介が遅れました。石川和男と申します。

現在、大学や専門学校で講師をしています。講師をしているといっても、本業はサラリーマン。平日の朝8時30分から夕方5時までは建設会社の総務経理を担当しています。本当に普通にサラリーマンをしているのです。

講師業をしているのは平日の夜や日曜日。会社帰りに大学に行き財務分析講座。日曜日は専門学校で簿記の講義をしています。

現在の状況を話すと、多くの人から「すごいじゃないか」と言われます。ただ私自身、これまで相当バカな人生を送ってきました。

まず高校は全員合格の高校。簡単にいうと定員割れで受験者全員が入学できてしまった偏差値30の高校に入学。大学は名前さえ書けば受かる夜間の学部に入学。しかも留年。

ここで注意していただきたいのは、いずれも私の入学当時です。いまはどちらも良い学校です。前著でも同じように高校、大学の話を書きましたが、同じ出身校の方々から激しいお叱りを受けました。

バブルの波に乗って、なんとか就職できましたが、いまでいうブラック企業。叱られ怒鳴られ、いつでも辞められるように辞表をスーツの内ポケットに忍ばせている日々……。ただ辞表を出そうと一大決心をした日に限って「大丈夫か？おまえ顔色が悪いぞ！」という先輩たちの普段にはない優しい言葉。ズルズルと辞められない、辞める勇気もない悶々とした日々を過ごしていました。

その後、人生を逆転させるために30歳で会社を辞めて税理士試験の勉強をはじめました。しかし貯金が底をつき勉強専念は2年で挫折。働きながら税理士を目指すことになりました。この後、合格するまでに10年の歳月を費やすことになるとは、勉強をはじめた当初は、知る由もありませんでした。

こんな経歴の私でも大学や専門学校で登壇できているんです（税理士の資格を取る前からです）。もちろん、先ほどの条件を満たしていれば誰でも簡単に登壇できるとはかぎりません。しかし、狭き門でもありません。

大学779校、短大346校、専門学校2823校、計3948校（文部科学省「学校基本調査」2015年現在）。

登壇できる場は、3948校。もちろん田舎の分校のように1校に1人しか教員がいないわけではありません。10人平均でも39480人。100人平均で394800人に登壇するチャンスがあるのです。

あなたは「1校、100人平均なんて、ありえない」と思っていませんか？

では、早稲田大学の教授から非常勤講師までの教員数は何名だと思います？

な、なんと5406人もいるんです（2014年）。

たった1校で5000人以上!!

狭き門とはいえませんよね!!

そして、このたび出版社から「ビジネスマン、士業、講師業、コンサルタントの方々が、大学はじめ高等教育機関で非常勤講師として登壇する方法を執筆してくれないか」との依頼を受けました。

しかし私一人では、そこまでの深い知識はありません。そこで、元サラリーマンでフリー講師の先輩であり、延べ8000人を超える大学生、短大生、専門学校生に講義を行い、年間200日500コマ以上の講義を受けもちつづけている千葉善春先生の力を借りて執筆することになりました。

千葉先生が、第2章〜第6章を担当。私、石川が第1章と全コラムを担当しました。あなたは気づいてしまったかもしれません。ほぼ80％千葉先生のコンテンツだということに……。

前述の実績を見ていただくとわかるように、私の出る幕がないほど、実務家講師のスペシャリストなのです。日本で非常勤講師の話をさせたら右に出る者はいません。この本は、そんな千葉先生からのプレゼントです。

自分も大学で登壇したい！
サラリーマン生活で学んだ実学を伝えたい！
士業を営んでいるけど、生活を守る法律を伝えたい！
自分のコンサルタントの経験を社会に出たときに役立ててほしい！

あなたが積み上げてきた経験や知識を若い世代につなぐことは、未来をつくることです。学生のためにそれらを伝えてあげたいと考えているなら、

大学で登壇するためには、どうすればいいか？
大学以外の高等教育機関で登壇するためには、どうすればいいか？
大学講師に求められる能力は？
人気講師とダメ講師の決定的な違いは？

などを書いた本編を読んでみてください。必ず役に立つ情報がこの一冊に詰まっています。

石川和男

執筆にあたり

一つおことわりしたいことがあります。

本文でも述べているとおり、現代の高等教育機関では、「実務寄り」の講義が求められています。すぐに役立つ実践的な知識を教えてほしいと思っている学生が、とても増えています。その結果、実務の知識と経験が豊富なビジネスパーソンが、大学で登壇するチャンスが増えているというのが本書のコンテンツの大前提です。

もっとも、私たちは決してアカデミックな知識（実務的でない学術的な知識）の有用性を否定しているわけではありません。あくまで学問のベースはアカデミズムにあり、長い人生を送るうえで必要となる知恵や教養を提供するのが、大学の本分であると考えています。

ただ一方で、現代の社会的要請が「実学」にある以上、そのニーズを満たすため、提供する授業のなかに実学の要素を取り入れていくことも大学の責務となりつつあります。そして実務寄りの講義のほうが、圧倒的に学生の関心度や集中度が増すという「教育現場の現実」もあります。目指すべき理想は、アカデミックな知識と実学とのバランスのとれた融合です。実学がアカデミックな知識に取って代わるのではなく、これからの高等教育には両方の要素が必要なのです。

本書の内容は、こういった大学の現実の課題をふまえた実際的な提言であり、決してアカデミックな世界で生きている、既存の大学教員の存在を否定するものではありません。このことは、あらかじめ強く申し上げておきます。

千葉善春

一生モノの副業 この1冊でわかる大学講師のなり方 目次

第2章 専門家であれば大学で登壇するチャンスは誰にもある

第3章 これであなたも大学で登壇できる❶

［タイプA］「大学」非常勤講師ルート

第5章 大学以外の高等教育機関講師の道

「タイプC」「専門学校」非常勤講師ルート

第6章 現代の大学講師に求められる能力

第1章

一生モノの大学講師

1　大学講師になることで信用力が増す

第1章を担当する石川和男です。

私は、建設会社勤務や大学講師のほかに、セミナー講師として全国を飛び回っています。セミナーの内容は「勉強法」「時間術」「仕事術」「財務分析」「簿記」「出版の仕方」「詐欺の手口の防ぎ方」など、多岐にわたっています。

「石川は何をやっているかわからない」と冗談半分で言われることもあります。専門家として一つのことに絞ったほうがブランディングにはなります。たとえば醤油ラーメンの専門店と中華料理屋なら、専門性の高い醤油ラーメン屋が繁盛するといわれます。確かに人気が出るし繁盛するかもしれません。しかし私は一生醤油ラーメンを作りつづけるだけの人生はイヤなのです。

前述のように多くのセミナーを行っていますが、実は自主開催は一度もありません。すべて講師派遣会社やイベント企画会社からの紹介で全国を飛び回っています。

そのときに**信用力が増すのが「大学講師」という肩書きです。**

講師派遣会社やイベント企画会社の方々は、私のセミナーに来ていただいているので、私がどんな話ができるか、どれほどの実力かはわかっています。

しかし東京中心でセミナーをしている私の実力を、ほかの地域の方々は知ることができません。

現在、日本には社長が400万人近くいるといわれています。この数は、失業者の2倍にのぼります。パーティーなどで名刺交換をすると、3枚に1枚くらいの割合で肩書きに「代表」や「社長」の文字が記載されています。

私も税理士試験に合格したのち税理士登録をするまでの間は、「石川経営企画研究所」という会社の代表としてコンサルタントを行っていました。自宅が事務所のたった一人の会社です。顧問先の資金繰りや財務分析を真面目にやっていましたが、はじめてお会いする人には、代表という肩書きだけでは信用されませんでした。

また税理士や司法書士、社会保険労務士の資格をもっていても、専門的能力と伝える能力は別なのです。専門的能力が高いからといって、伝える能力まではわかりません。

もし、あなたの名刺に大学講師という肩書きが加わったらどうでしょうか？　私の名刺にも記載していますが、あなたの名刺やプロフィールに「大学講師」や「非常勤講師」という肩書きがあるだけで格段に信用力がアップします。

私の知り合いの講師には、企業研修や講演で1時間5万円の講師料を受け取る方がいます。その講師が大学の講義を90分８０００円で喜んで引き受けるのです。「報酬なんて関係ない。大学で登壇することは社会的信用という対価を得られるんだ」と笑っていました。

その笑顔を見ながら、芸能プロダクション社長が「ＮＨＫの紅白歌合戦に出場しても出演料自体は安いんだよね。でも紅白に出た歌手というブランドと信用力で、地方公演の仕事が一気に増えるんだよ。ギャラも跳ね上がるしね」と言っていたのを思い出しました。

日本人はどこの組織に属しているかで、相手の価値を推し量る傾向があります。〇〇大学の教員という肩書きがあれば、それだけで社会的地位が何ランクかアップするのです。現に、講師をやっている人のほとんどは、名刺に「〇〇大学非常勤講師」という肩書きを入れています。

また大学で教えると「若者の考え方やニーズを直接学ぶこと」ができます。これが本当に勉強になるのです。本業をするにあたって有益なヒントも得られます。テレビやネットで映し出される学生と、実際に会った学生とは大違いです。日常の社会生活で、多くの若者と接し、マネジメントをする機会はそれほど多くありません。最近の若者が何を考え、何を求めているのかを理解することは、今後の社会トレンドを探るうえでも有効なのです。

2 講義では、自分の好きなことが自由に言える

講義の内容については、自分の裁量で決められます。講座名は学校側が決めますが、講義内容や教え方などは講師の判断に任されています。したがって講義内容は自分で考えることができるのです。使用するテキストや参考書も自由に選定し、学生に指定することもできます。

経営学の講義を受けもったときは、松下幸之助や本田宗一郎のエピソードでも、ディズニーランドがなぜリピーターが多いかでも、最終的に経営に結び付けば、どのような講義内容でもいいのです。自分の判断で自由に決めることができます。就職を控えた学生にはチャンドラーの組織論やドラッカーの経営理論よりも、実学が好まれます。たとえば、稲盛和夫さんのエピソードを私なりにアレンジして話すと、こんな講義になります。

「ある夜、技術者が製品の寸法がどうしても合わないって、一人で悩んでいたんだって。そこに稲盛さんが通りかかる。そしてひと言『おまえさ〜、神に祈ったの?』。

この『神に祈ったの?』っていうのは『神様、一生のお願い!』と運任せにしたって意味じゃないんだよ。

つまりね『自分のやれることはすべてやった! やり尽くした! もう神に祈るしか方法はないってほどに最後まで頑張り抜いたのか?』って意味で稲盛さんは訊いたんだよ。

すると技術者は、自分には神頼みしか残っていないってほど真剣にこの仕事に向き合っていなかったと気づき、再チャレンジして、ついに難題を克服することができたんだよ」
「わっ！　すごい、あきらめない気持ちが大事ですね。現在版！　下町ロケットですね!!」
「いや、感動してくれているとこゴメン。下町ロケットより、稲盛さんが先だから……」

講義の内容を自分の裁量で決められるのは高等教育機関だけです。

この点は、小学校、中学校、高校の先生とは大きく異なります。小、中、高校の場合は「指導要綱」という文部科学省発行のマニュアルがあり、それぞれの科目で何をどう教えるべきかの基準も決まっています。

先生は指導要綱に沿って、授業を進めるだけで、教えるべき内容自体を大きく変えることはありません。決められた内容を、どのように教えるかの工夫に集中するだけです。いわば歩むべき道はできていて、その上を歩くだけなのです。

一方、大学の講義には、このような基準や縛りは、基本的にありません。講義の目的や趣旨に合っていれば、内容は講師の裁量で決められます。そのため**自分の好きなことが自由に言えます**。

もちろん、教育にふさわしくない内容はＮＧですが、世の中の常識の範囲内であれば、たいていは許されます。私自身、講義内容について、学校側から注意を受けたことは、これまで一度もありません。

3　教え子をクライアントにする先生も珍しくない

この本は、主に非常勤講師を目指す方を対象にしています。

あなたの職業は何ですか？

たとえば税理士や社会保険労務士などの士業？

経営や財務のコンサルタント？

勤続20年のサラリーマン？

専業非常勤講師をのぞいて、講師業以外に本業をもっている方がほとんどだと思います。

そういった方のなかには、自分の教え子をクライアントにする人も少なからずいます。よくあるのは、優秀な学生が卒業後すぐに起業する場合に、設立手続きや許可関係の手続きを代行したり、顧問やアドバイザーに就任したりするケースです。宅地建物取引士の資格をもつ私の知り合いは、卒業後に引っ越しをする学生たちに、賃貸物件を紹介して、手数料収入を稼いでいました。

また学生本人ではなく、学生の親族をクライアントにする場合もあります。学生の父親が会社を経営している場合に、社長である父親から、コンサルティングなどの仕事の依頼を受けるケースは珍しくありません。

崇高な学びの場で、そういった打算的な行いをする講師はけしからんと、ご立腹されるかもしれません。こんなことをいうと、教育関係に長く従事している先生方から、厳しいお叱りを受けるような気もします。

しかしこれは講師、学生ともに有益なことなのです。

一般に士業に仕事を依頼しなければならない場合、多くの方は誰に依頼したらいいのかわからず困ってしまいます。日本人の気質として一度依頼したら断りづらく、失敗した場合も継続することが多々あります。最終的には、過去の実績や面談時の印象をもとに、信用できるかどうか判断できないのに、「恐る恐る」仕事を依頼しているのが実情です。

この点、相手が普段指導を受けている講師であれば、依頼する際のハードルは下がります。ほかの士業やコンサルタントとは信頼度がまったく違います。「どうせ依頼するのだったら、石川先生に顧問税理士になってもらおう。安心だし信頼できる」、「社会人になったら保険に入ろうと思っていた。金融を教えてくれているB先生は保険会社に勤めているし、最後まで面倒をみてくれそうだ」という判断になるのです。

言い方を変えれば、大学の講師というのは、教え子から本業の依頼を受けやすい立場ともいえます。

ただし、教え子は卒業するまで学生です。弁護士の方であれば、通常30分5000円の相談料を無料にしなければなりません。私も税理士業務を行い、講義以外にマイナンバーや親の確定申告の相談まで無料で受けています。しかし、それが決して不愉快なわけではないのです。学生の知識が増え、自宅に帰って親に税の話を誇らしげに伝える。その光景を思い浮かべるだけで講師として最高の喜びを得られるのです。

教え子が卒業し、クライアントになった場合、その関係は一時的ではなく長く続きます。卒業後も、教え子を支え、ともに考え、成長していく姿を見ていられるのは嬉しいものです。

4 ― 魅力の大きい講師同士の人脈

大学の教授クラスになれば、研究室と称する個室があてがわれます。

あなたは学生時代に研究室に入ったことはありますか？　書籍や論文で埋もれた書棚。入りきらない論文は積み上げられ、お茶をこぼした跡が点々と……。そんな研究室に入った思い出が、よみがえってきませんか？

一方、非常勤講師の場合は相部屋の講師室があてがわれます。舞台を待つ芸人のように次の出番を待つだけなので、個室である必要はないのです。

もっとも相部屋のほうが、**さまざまなキャリアや専門性をもった先生と情報交換をするチャンスがある**ので有益な場になります。狭い部屋であればあるほど、交流が生まれます。

講師室でほかの非常勤講師と話すのは、講義の合間のわずかな休憩時間のみ。そのため、それほど長時間にわたって情報交換ができるわけではありません。

ただ講師というのは、毎回一人で大勢の学生と対峙しているため、常に孤独と闘っています。そんなときにほかの講師と会話をすると、同じ学生をマネジメントしているので共感を覚えやすく、会話が弾むことも多いのです。

講師同士慣れるまでは「あの学生は目を離すとすぐに居眠りしますよね」「このテーマは非常に学生の関心が高いですよね」「期末試験はどんな問題をつくる予定ですか？」といった、たわいもない内容がほとんどです。

話のプロ同士といっても、やはり人間。共通の話題である「学校」、「授業」、「学生」の三大テーマについて情報交換をする機会が多いのです。

しかし、何度も顔を合わせると話題も変わってきます。講師室での交流が、ほかの仕事のチャンスにつながることもあります。

いちばん多いのが、ほかの学校の非常勤講師職を紹介してもらえるケース。「私が非常勤講師をしている○○大学で、マーケティングの先生を探していたので、Sさんを紹介しましょうか？」といった話を受けるケースは、決して珍しくありません。

また非常勤講師のなかには、特定分野のプロフェッショナルが数多くいます。非常勤講師同士で会話をしている際に、お互いの仕事に親和性があれば「では、今度この案件を一緒にやりませんか？」と、一緒に仕事をする話が進むこともあります。

実際、私が聞いたケースでは、同じ大学で非常勤講師をしていた弁護士と税理士が、ある老舗企業の事業再生プロジェクトを一緒に手掛けた例があります。これは、もともとは講師室での二人の雑談がきっかけとなった仕事です。私も多くの非常勤講師の方々とコラボセミナーを開催しています。

また直接仕事には結びつかなくても、自分の見聞や視野を広めるうえで有益な交流もあります。私がこれまで知り合った講師には、たとえば以下のようなおもしろい経歴をもつ方がいました。

レスリングの元オリンピック選手／松井秀喜の友人のスポーツジャーナリスト／テレビ情報番組コメンテーター／3億円稼いだ株トレーダー／痴漢冤罪が専門の弁護士……。

こういった方々は、自分の知らない目からウロコの情報をたくさん知っています。彼らとスケジュールが一緒になったときは、毎週、講師室で話を聞くのが本当に楽しみでした。

日本経済新聞のコラムで月亭八方が「なぜ勉強するか？　それは良い仲間と一緒にいたいからだ」という趣旨の話をされていました。私も本当にそう思います。

大学で登壇するということは、**特定分野のプロフェッショナルである良い仲間と知り合い、ワンランク上の自分へと成長できるチャンスにもなるのです。**

5　学校で教えると講師業の幅は確実に広がる

研修講師、セミナー講師、カルチャースクール講師と、世の中には講師とよばれる人がたくさんいます。コンサルタント同様、講師になるための資格は必要なく、「私は講師です」と名乗った瞬間から、誰でも講師になれるからです。

私自身、学校以外でもさまざまな講師経験をしてきました。

サラリーマン時代には、社内研修の講師を務めたことがありますし、現在も月に2、3回は、全国の企業や自治体から呼ばれて、社員（職員）研修をしています。またセミナー講師として、一般参加者の前で話すことも頻繁にあります。

共著者の千葉先生とは、昨年まで一緒に「プロ講師を目指す人のためのセミナー」を開催していました。

このように講師業といってもさまざまですが、学校で学生相手に教えることは、ほかとはちょっと質が違います。学生相手の講義経験で養われるスキルは特別で、ほかの講師業をするときにも必ず活かせるはずです。

というのも学生に教えることは本当に難しく、ほかで講義をする場合とは違う能力が要求されるからです。私の経験上、学生相手の講義が、あらゆる講義のなかでいちばん難易度が高いと思います。

聴く気満々の相手にものごとを教えるのは簡単です。相手の知りたい知識や情報を正確に伝えることができれば、相手は満足するでしょう。コンテンツさえしっかりしていれば、伝え方の良し悪しは講義の成否にそれほど大きな影響を与えません。

一方、学生の場合は違います。必ずしも全員が講師の話を集中して聴こうとするわけではありません。どんなに価値のある話をしても、内容がわかりにくかったり、おもしろくなかったりすれば、途端に話を聴かなくなります。

さらには、大人より確実に集中力が続きません。大人も続かない人はいますが、続いているフリをしてくれます。学生は寝ます。スマートフォンを使いだします。一度集中力が切れて心が離れてしまうと、そこから復活させるのは至難の業です。

講師としては、なんとか集中力を切らさないよう、学生の目を覚ますための工夫をしつづける必要があります。

つまり、学生相手の講義は、知識や情報をわかりやすく伝えるだけでは不十分なのです。講師は、単に知識を伝えるだけでなく、彼らが話を聴こうとする態勢にさせる必要があるのです。

どんどん質問して一定の緊張を保ったり、興味のある話を用意するなどして、学生が講師の話に集中する状態をつくらなければならないのです。この点が、大人相手の講義よりも難易度が高い最大の理由です。

「え〜、そんなに大変なの？」と思われるかもしれません。

もちろん大変なだけではありません。

後述しますが「**やりがいがあって、充実して涙がでるぐらい感動する場面が何度もある**」。それが学生相手の講義なのです。

6　非常勤講師の報酬は？

あなたが、大学で登壇したい理由は何でしょうか？

自分の知識を伝えることで若者に成長してもらいたい！

大学講師の肩書きを本業にも活かしたい！

大学の教壇に立つことに純粋な憧れを抱いている！

さまざまな理由があると思います（ちなみに私は、この全部でした）。

ただこれだけは、はっきりと申し上げます。ここだけの話ですが「非常勤講師の収入は薄給」です。変な幻想や勘違いがあってはいけないので断言しますが、非常勤講師の収入のみで、余裕のある生活ができる人はほとんどいません。

新任の非常勤講師の場合、報酬の相場は、**90分講義1コマ当たり7000円〜8000円**くらいです。もちろん大学ごとに金額に違いはありますし、何年かに一度、昇給がある学校もあります。学校ごとに基準はバラバラです。

「90分で8000円だとしても、時給にして5400円くらいか。ほかの仕事より高いじゃないか！」と考えないでください。講師は講義の時間だけ稼働しているわけではありません。90分の講義を行うには、かなりの時間をかけて準備をしなければなりません。

いくつかの学校を掛けもちして生計を立てている「専業非常勤講師」には、年収200万円台の人が多いといいます。また、林克明氏の著書『ブラック大学早稲田』（同時代社）によれば、首都圏大学の非常勤講師の平均年収は300万円程度で、そのうちの4割は年収250万円以下だそうです。

ちなみに、専任講師（大学の正規教員）になれば、年収はちょっと上がって平均500万円～600万円。さらに教授クラスになれば、平均年収1100万円と一気にセレブな待遇になります。

悲しいかな専任講師（正規教員）と非常勤講師（非正規教員）では、同じコマ数の講義を担当していても、報酬には雲泥の差があるのです。

つまりは報酬を期待して大学の非常勤講師になろうと思ってはいけないということです。本書はあなたに「耳に心地良い夢物語」を語ることが目的ではないので、この点は明確に申し上げておきます。

大学の非常勤講師業は、経済的な面だけを考えれば、ほかに本業をもっている方でなければ、なかなか務まらない仕事であることは確かです。

ただこれまで述べてきたように、大学講師になれば講師料以外の利点がたくさんあります。**社会的信用や本業へのプラス効果といった、本来であればお金を払ってでも獲得したいメリットが数多く得られます**。

冒頭であなたに投げかけた「自分の知識を伝えることで若者に成長してもらい

たい」「大学講師の肩書きを本業にも活かしたい」「大学の教壇に立つことに純粋な憧れを抱いている」という点は報酬に代えられないメリットです。

私は、非常勤講師の仕事は価値とメリットの大きな仕事だと確信しています。

そのため、たとえ報酬が少なくても、あなたにぜひチャレンジしていただきたいと思うのです。

7 教えることは教わること

「先生、マイナンバー制度が始まったら、貯金、給料から住んでいる場所までわかってしまうんですか？」

「先生、アルバイトしてるんですけど、確定申告って必要なんですか？」

「先生、○○業界に就職したいんですけど、どうすればいいですか？」

講師は何でも屋か！　とツッコミたくなるぐらい学生はいろいろと訊いてきます。そうなのです。講師は「何でも屋」なのです。正確にいえば「何でも答えてあげる屋」なのです。

常勤だろうが非常勤だろうが、専門分野だろうが専門外だろうが、学生にはいっさい関係ありません。政治経済、就職……、疑問があれば、何でも訊いてきます。

話は変わりますが、講師に必要な条件って何だと思います？　私は「教えることが大好き」というのが必要条件だと思っています。

私が勤めている専門学校の講師陣は、受講生を合格させること、関わった人が成長すること、そして教えることが大好きです。

担当するクラスの受講生以外が質問しにきても、自分を頼ってきた人には理解できるまで何度でも何時間でも教えます。

誰が来ようが「わかりました！」と理解してもらえることが喜びなのです。

その証拠に講師陣たちは、昼休みに受講生が講師室に訪ねてきても、イヤな顔一つせず、むしろ喜んで質問部屋へ案内します。たとえカップラーメンを食べている最中でも、そろそろ3分経過して蓋をはがして湯気の出ているカップラーメンと対面できる時間になっていてもです。

民間企業に勤めていれば、昼休みに営業電話や飛び込み営業で勧誘などされるとイヤな思いをします。その商品に魅力がありそうでも、気配りのできない営業から買いたいとは思いません。昼休みは、午後の仕事に備えて身体を休めたり、自己啓発や専門分野の勉強など自分のために使う時間だからです。そんな昼休みでも、質問に来た受講生にわかるまで教えます。それが**講師の存在意義であり生きがいでもあるからです**。**そして何より「教えることが大好き」だからです**。

もちろん大学でも同じです。

マイナンバー、アルバイト先の確定申告、希望する就職先の情報まで……。専門外のことでも、わかる範囲で教え、一緒に悩み、方法を考えます。

学生たちは、社会に対して驚くほど真っ白です。高校を卒業した時点では実学をいっさい学んでいない学生がほとんどだからです。

そんな学生たちに、社会で生きる方法を教える。

たとえば、就職先を決められない学生には、「企業名で選ばないで職種で選んでみたら？」とアドバイスする。子供の頃からの夢や、得意なこと、自信をもてることなどを、紙に書き出し、得意分野を活かせる就職先がないか一緒に考えてみる。

また私生活や勉強などで挫折を味わっている学生には本を読むようにアドバイスする。

たとえば、小学校時代はイジメにあい、中学では非行に走り……、大学卒業後、アジア最貧国のバングラデシュに単身で渡り、麻を使った高品質バッグを生産販売。数々の試練と闘う25歳女性起業家、山口絵理子さんの自伝的エッセイ『裸でも生きる』（講談社）。

骨がガラスのようにもろい著者。くしゃみをしただけで肋骨が粉々になるかもしれない恐怖。骨折が200を超えたところで数えるのをやめた少年時代。そんな彼も両親も言い訳をしない人生を送っている。とてもじゃないけどこの本の前では言い訳できない、ショーン・スティーブンソン著『言い訳にサヨナラすればあなたの人生は輝く』（成甲書房）。

そして47歳の若さでこの世を去ったカーネギーメロン大学のランディ・パウシュ教授の『最後の授業　ぼくの命があるうちに』（ソフトバンク文庫）。末期ガンで余命3～6カ月と宣告された教授が残した、心に響く名言が多く語られていることを教え、読むように勧めます。

夢をかなえる道のりに
障害が立ちはだかったとき、
僕はいつも自分にこう言い聞かせてきた。

レンガの壁がそこにあるのには、理由がある。
僕の行く手を阻むためにあるのではない。
その壁の向こうにある「何か」を
自分がどれほど真剣に望んでいるか、
証明するチャンスを与えているのだ。

『最後の授業　ぼくの命があるうちに』

その障害という壁は、まさに「君の本気度を試しているんだよ」ということを、本を通して気づいてもらうのです。

10代の学生たちに教えていて気づくことは、実は私自身が教えられているということです。挫折したときに本を読んで解決策を見つけることや、好きなことにエネルギーを使う大切さ、いましかできないことを思いっ切りやることなど……。何十年も仕事中心で生活してきた自分が忘れかけていたことを、まだ真っ白な学生たちに教えてもらっているのです。

勉強やアルバイト、サークル活動など無我夢中で取り組んでいる学生たちを見て教えられました。**大学で登壇し教えることは、自分も教えられ、お互いが成長していくことなのです。**

8 ― 講師はあらゆる受講生の心に残りつづける存在となる

大学の授業というのは、受講人数がクラスごとに違います。受講生が数人のものから、１００人以上の学生を相手にするものまで、授業によってさまざまなケースがあります。私自身、つい最近まで、大教室で受講生１８０人の授業を担当していました。

当然、講師としては、受講人数の少ない授業のほうが、きめ細かな指導ができます。

「A君は前回の宿題をサボったから、今度の課題発表は君がやって」

「Bさんはマスコミ志望だったよね。だったら卒業論文は、ソーシャルメディアを取り上げたらいいよ」

こんなふうに、学生一人ひとりの特性や関心事をふまえて、講義構成や指導内容を自在に変えることも可能です。

一方、大教室のクラスになれば、なかなかこういうわけにはいきません。一人の講師が対応できる人数には限度があります。

私見では、どんなに優秀な講師でも、一度に目が届く人数は20人が限界だと思います。すなわち大教室で１００人のクラスを担当するとして、きちんと把握できるのは、前のほうにいるせいぜい20人程度。それ以外の80人は、あまり認識していない「その他大勢」の学生となりがちです。本来はよくないのでしょうが、熱心な20人を優先して、「その他大勢」の学生には深く関われないまま、半年間の授業を終えることが多くなります。

ただ私は、建て前でなく、クラスを任された以上は受講生全員に影響を与えるような講義がしたいと思っています。そして普段から、「その他大勢」になりがちな学生に対しても、少しでも彼らの心を揺さぶるような話をしようと心がけています。

具体的には〝あきらめない心〟をもつことの重要性を、全員へのメッセージとして伝えるようにしています。

「私は社会に出てから、なかなか自分の思い通りにならない時期が続きました。自暴自棄になり、現実逃避しそうになったことも一度や二度ではありません。ただそんなときに、ここであきらめてはいけない、あきらめたら終わりだ、と自分に言い聞かせ、何度も苦境を乗り切ってきました……」

こんな話を、具体的な経験談を交えながら、毎回のように授業のなかで話すのです。

当然、いつも前のめりな20人の心には響きます。目を輝かせ、頷きながら話を聴いてくれます。授業後には、教壇まで駆け寄ってきて、意見や感想を言ってくれることもあります。

ただ、なんの反応もない「その他大勢」の学生については、彼らの心にどれだけ響いているのかずっとわからないままでした。彼らはいつも、ほとんどなんのリアクションもなく、授業が終わるとすぐに退室してしまうからです。

先日、5年前に卒業したクラスの同窓会に呼ばれ、かつての教え子たちと久しぶりに旧交を温める機会がありました。そのときに、私を見つけてすぐに声をかけてきたのは、やはり、その20人のなかに入っていたメンバーばかり。お互いにいろいろな思い出を共有しているので、自然と会話も弾みます。

会も終盤に差し掛かった頃、一人の〝見知らぬ男性〟が私に声をかけてきました。

「先生、○○です。僕のこと覚えていますか?」

正直、その彼のことはまったく思い出すことができません。

「申し訳ないけど、君のことはよく覚えていないね」

苦笑しながら、私はそう即答しました。

「当然ですよね。僕はいつも大教室の後ろのほうに座っていて、先生に質問したことなんて一度もなかったですから……」

バツが悪そうな表情を浮かべ、彼はこう言いました。

「でも先生のことは、すごく印象に残っています。〝あきらめない心〟の話は本当に良かったなあ」

そして、目にうっすら涙を浮かべながら、こんな話を始めました。

「僕ね、入社してすぐに会社を辞めようと思ったんですよ。あまりにも仕事がつらくて。でもそのときに先生の〝あきらめない心〟の話を思い出して、会社を辞めるのを思いとどまりました。先生は恩人です。本当にありがとうございました」

胸に熱いものがこみ上げてきました。

「自分の言葉が、その他大勢にも届いていた。そして、その想いが彼らの心のなかに生きつづけていた！」

まさに、講師冥利に尽きるという言葉がぴったりくる瞬間でした。私自身、この出来事が、講師業のやりがいの大きさを改めて認識するきっかけとなりました。

「**講師はあらゆる受講生の心に残りつづける存在となる**」

大げさな表現でなく、講師業というのは、それくらい大きな意義と影響力をもった仕事なのです。

この章のまとめ

- **大学で講師をすれば、多くの無形のプラス効果が得られる**
- **講義内容は講師の裁量で決められ、好きなことが自由に言える**
- **本業をもっている講師は、教え子をクライアントにすることもできる**
- **非常勤講師同士の交流が、思いがけないビジネスチャンスにつながる可能性がある**
- **学生相手の講義を経験すれば、「講師力」は確実にアップする**
- **非常勤講師の報酬を期待してはいけない。報酬以外のメリットを追求すべき**
- **教えることは教わること。大学で登壇することによって、講師も成長できる**
- **講師はあらゆる受講生の心に残りつづける存在となる**

コラム❶

ドラえもんが授業を救う！

急な出張が入った友人のピンチヒッターで登壇したときの話です。
「経営や経済についてなら何を話してもいいから90分授業を受けもって」
気軽な感じで言ってきたので、気軽な感じで引き受けて指定された大学に行きました。

教室で待っていると、次から次へと入ってくるのがアジア系の留学生。日本に来て4年目の外国人には用意してきた話が難しすぎる。案の定、話についてこられない様子。徐々に集中力が無くなり、眠気と闘っている様子がうかがえます。

「君たちにとって、この授業はつまらないでしょう！　うんうん、その気持ちわかる。でもね、聴いてくれない授業を延々と話しつづける自分もつまらないんだよ～」。心の中で叫んだ後、どんな話に興味があるのか緊急アンケートを行いました。

「寿司」、「ケーキ」、「芸能」、「美容」……。いろいろあがりましたがダントツ1位がアニメ。しかもドラえもん。

本編にも書きましたが、小学校、中学校、高校と違い、講義の内容については、自分の裁量で決めることができるのです。

「ドラえもんが青いのは、ネズミに耳をかじられて青ざめたからだって知ってた？」

「ジャイアンの妹にジャイ子っているよね。あだ名じゃなくて、実はちゃんとした名前があるんだけど、ジャイ子と同じ名前の子どもがイジメにあうと困るから公表していないって知ってた？」

「ドラえもんのポケットから出てくる道具。あれ実は半分以上、ドラえもんが未来から借りてきているレンタル品だって知ってた？」


アニメ好きの外国人留学生。1人2人と顔を上げて話を聴く学生が増えていきます。明らかに興味をもっている様子。離れていった心を掴んだ後は、何の道具が欲しいかを訊いて、現実にその道具があった場合の経済的効果と損失などを話し合いました。

もし「どこでもドア」があったら、いろんな国に行けて、異国の文化にふれて、たくさんの人と話せて、会ってみたら意外と気さくなヤツばかりで国同士のケンカとかも無くなるかもね。

共通言語が必要になってきて、そんな共通言語会話学校が増えるかな？　いつでも実家に帰れるから寂しくないしね……、というか実家から、この学校に通えるか（笑）。

ガソリン代もかからない。代わりに交通、運送関係の会社は無くなる。道路もいらなくなるかな……。

もし「タケコプター」があったら、「ほんやくコンニャク」があったら、「暗記パン」があったら……。新たに生まれてくる産業と衰退する産業などを話し合い、大いに盛り上がりました。

授業が終わった後、帰り際の韓国人女子学生から、こんなに楽しい授業を受けたのは日本に来て初めてだと言われました。

セミナー講師、大学講師などを行ううえで、常日頃から何にでも興味をもつ。どんな話でもネタになるのが講師という職業です。おもしろい話だけではなく、つらい話、苦しい話、悲しい話までもネタにできる。大学講師の友人は、交通事故にあったときに「保険や病院についてのネタができる」と真っ先に思ったそうです。

もちろん、雑学も無駄ではないのです。

ピンチを救ってくれたドラえもん。ありがとう!!

石川和男

第2章

専門家であれば大学で登壇するチャンスは誰にもある

1 ― 少子化でも日本の大学の数は減っていない

石川先生からバトンタッチして、ここから第6章までは、私、千葉善春が担当いたします。まず簡単に自己紹介をすると、私は大学卒業後にサラリーマン生活を12年間送り、30代半ばで独立しました。独立後2年目から高等教育機関で講師業を始め、今年で教員歴10年目をむかえました。現在も本業の会社経営のかたわら、非常勤講師として大学、短大、専門学校で年間200日以上、学生相手に講義をしています。

ところで、いきなりですが、あなたに質問です。

いまの日本では子どもの人数とペットの数はどちらが多いと思いますか？

赤ちゃんのオムツと老人のオムツは、どちらが売れていると思いますか？

実は、子どもよりペットのほうが多く、赤ちゃんのオムツより老人のオムツのほうが売れているのです。

15歳未満の子どもの数は34年連続で減りつづけ、今後も大きく増える見込みはありません。子どものいる家庭よりイヌやネコを飼っている家庭のほうが多いのが、現代の日本社会なのです。

これは教育関係者を不安にさせるには十分なデータです。特に2018年からは、18歳人口が大幅に減少することがわかっています。現在約120万人の18歳人口が、2018年以降減りだし、2031年には100万人を切ると試算されています。大学関係者の間では「2018年問題」とよばれています。

18歳人口の大学進学率を50%、一大学あたりの入学定員を1000人とすれば、100大学分の入学者が消えることになる。そう考えると、事態は相当深刻に思えてきます。

しかし、**大学の「数」だけを見れば、現段階では少子化はあまりその増減に影響を与えていません**。2015年時点で、日本の大学の数は779校。むしろ2010年くらいまでは、右肩上がりで増えつづけてきたのです。

さすがにここ数年は、学生募集を停止する大学が年に2、3校は出るようになってきましたが、少子化の進行度に比べれば、その減少率はきわめて低いレベルといえます。

そもそも学校法人は民間企業と違い、経営が行き詰まったからといって即座に破綻するわけではありません。文部科学省から出されている補助金や助成金などによって、学校法人は守られているからです。

２０１３年に文部科学省が、群馬県の学校法人「堀越学園」（アイドルタレントがよく通う東京の「堀越学園」とは別法人）に解散命令を出したようなケースはまれで、学部統廃合の勧告をすることはあっても、よほどのことがないかぎり、大学を潰さないよう配慮するのが普通です。

おそらく今後も、この文部科学省のスタンスが大きく変わることはないでしょう。少子化の影響で規模縮小や統廃合は進むかもしれませんが、これからバタバタと大学が潰れていく事態にはならないはずです。

そして当然のことながら、当事者である大学関係者も、日頃から学生数を増やすための努力をしつづけています。日本人の18歳の入学者が消えるのであれば、ほかにどこか代わりの市場はないか、常にアンテナを張り巡らせています。

学生数を増やすための有力な「市場」として、多くの大学が目をつけているのが「外国人留学生」です。日本に学生がいないのであれば、外国から学生を連れてこようという算段です。現在、日本の大学に通う外国人留学生は11万人程度。この数は、大学生全体の4％弱にすぎません。

この状況をふまえ、2008年には、文部科学省が「2020年までに30万人の留学生を受け入れる方針」を打ち出しました。30万人という数字は、大学生全体の10％強にあたります。これから大学生の10人に1人を留学生にしていくのです。

少子高齢化が進むなか、外国人留学生を増やしていくことは国策でもあります。ますます大学のグローバル化が進んでいくのは間違いありません。

そしてもう一つ、**市場として有力なのが「社会人学生」**。以前から大学は、若者だけを対象とする教育機関ではなく、中高年層の生涯学習の場でもあるというスタンスをとっています。そして、これまで中高年層を積極的に取り込んできました。具体的には、「エクステンション講座」とよばれる有料公開講座をほとんどの大学が実施しています。

昨年、人口が最も多い団塊の世代が、すべて定年年齢である65歳を超えました。これからお金と時間に余裕のあるシニア層が激増します。今後、新たにシニア層の知的好奇心を満たすようなプログラムを開発できれば、この市場はさらに拡大していくものと思います。

教育機関というのは、思いのほかしたたかです。国の支援と指南を得ながら、これまでも、あの手この手でさまざまな生き残り策を打ち出してきました。そのため少子化といえども、日本の大学はそう簡単には潰れないのです。

2 いまは〝実務寄り〟の講義が求められている

かつて大学は、アカデミックな知識（実務的でない学術的な知識）を提供する場でした。現実社会からは超越しているものの、人間が生きていくうえでは必要な知恵や知性を与えるのが大学の役割でした。

ただ最近、大学の役割は変わってきています。自ら変わろうとしたのではなく、変わらざるを得なくなったというほうが正しいかもしれません。いくら大学がアカデミックな世界を追求しようとしても、お客さまである学生が、そういった実務的ではない知識の習得を求めなくなってきているからです。

２０１０年に博報堂が18歳から69歳までの男女４０００人を対象に、「良い大学の条件」についてアンケート調査をしたところ、回答のトップはなんと「**就職の面倒見が良いこと**」でした。「研究力があること」でも「教育レベルが高いこと」でもありません。いまは多くの人が、大学に対し「就職させる力」を求めています。

また5位には「〝**社会で役立つ実学**〟**が身につくこと**」という回答も入っていました。講義に求めるものはアカデミックな知識でなく、すぐに役立つ実践的な知識を教えてほしいと思っている人が多いのです。

そのため、大学は実践的、実務的な内容の講義を年々増やしてきています。具体的には、日商簿記やＴＯＥＩＣといった資格試験の対策講座を行ったり、ＳＰＩや公務員試験などの就職試験講座を実施する大学が増えてきました。

またインターンシップ（企業研修）を授業科目として実施している大学は、全体の4割にのぼるといいます。さらには有名企業と提携して社員を講師として派遣してもらい、産学連携のビジネス講座を開催している大学もあります。

つまるところ、キーワードは「就職」です。保護者や学生の最大の関心事が就職にある以上、そのニーズを満たすことが大学の責務となっているのです。言い換えれば、**近年の大学の役割は**「**学生を就職させること**」に変わりつつあります。そのため、かつてのアカデミックな授業は減り、より実践的な内容の講義が多くなっているのです。

また就職率を上げることは、次年度の学生（お客さま）を増やすうえでも効果があります。大学が自校の格を上げ、入学希望者を増やそうと考えた場合、就職率は非常にわかりやすいメッセージになります。

たとえば高校が自校の「格」や「ランク」を上げようと思えば、甲子園に出場するか、東京大学はじめ有名大学の合格者数を増やせば、高校の格は一気に上がります。

一方、大学には、これに代わる絶対的なものはありません。駅伝や大学野球など各種スポーツ競技で知名度アップを図ろうとする大学もありますが、甲子園ほどのインパクトはなく、その効果は限定的です。

だからこそ多くの大学では、資格獲得や実務スキルの習得といった就職に関するサービスの良さを、世間にアピールしようとしています。就職させる力のある大学には、確実に入学希望者が集まるからです。**大学の生き残りの道は、一にも二にも「就職率」なのです。**

就職を意識した〝実務寄り〟の傾向は、大学の学部学科の設置状況にも表れています。顕著な例として「看護学科」を新設する大学が激増していることが挙げられます。

1989年、看護学科のある大学は全国で11校でした。現在その数は、228校にも及んでいます。なんと日本の30％の大学に看護学科が設置されているのです。

背景にあるのは、高齢化に伴う看護師の慢性的な人手不足。不況が続くなかでも看護師の就職状況は堅調です。大学にとっては、女子学生を取り込むことができ、かつ確実に就職させることができる看護学科は、願ってもない集客マシーンなのです。

日本の大学はどんどん実学を学ぶ場に変わっています。なんだか大学と専門学校の区別がつかなくなってきそうですが、これが現代の社会的要請であることは確かです。そのニーズに応えていくのも大学の重要な責務といえるでしょう。

3 何かの専門家であれば、誰でも大学で登壇できる

前述のとおり、現在の大学では実務寄りの講義が求められています。ただそのために、大学が対応しなければならない問題が一つあります。それは、実務系科目の講義ができる講師を探すこと。当然のことながら、学生のニーズを満たすことのできる実務経験と知識をもった講師が必要となります。

既存の教員が実務系科目に対応できればそれに越したことはありません。ただ教授や准教授というのはアカデミックな世界で生きてきた人たちです。大学から大学院、そして教員の世界へとストレートで進む場合が多く、実務経験をもった人は少数派です。彼らの活躍の場は、崇高な学問や世界に影響を与える画期的な研究にあります。実務系科目にも対応できる大学教員は、実際のところあまり多

くありません。

たとえば近年、学生の関心事は圧倒的に就職であり就職先です。ただ大学の教授や准教授が、就職に関する実践的なアドバイスができるかというと、はなはだ疑問です。大学教員というのは、アカデミックな世界で純粋培養されるのが常。良くも悪くも就職活動というものを一度も経験したことがありません。

また、現在多くの大学は、学生に対して就職が有利になるような資格の取得を奨励しています。学生の側も、専門科目そっちのけで、資格の勉強にいそしんでいる者が少なくありません。この資格取得対策についても、大学教員のなかに指導できる人があまりいないのが実状です。

大学教員というのは、専門分野の研究のプロであって、試験問題の解法テクニックを教えるプロではありません。「簿記論」を教えている講師が、必ずしも「日商簿記検定講座」を担当できるとはかぎらないのです。そのため既存の教員が資格取得対策講座に関与することは基本的にはありません。

結局のところ「モチは餅屋」とばかり、こういった**実務系科目は外部から担当講師を探すことになるのです**。

そして、実務系科目の種類も、年々多岐にわたってきています。学生のニーズが多様化しているため、大学に求められる講義領域も大きく広がっています。前述のような就職や資格対策のほかに、学生満足度を高める多様なオモシロ講座のラインナップが必要なのです。

オモシロ講義を提供するうえでも、実務家講師がもつコンテンツは大きな武器になります。たとえば、現役の化粧品会社社員による「化粧のちから体験講座」や、元ホテルウーマンの「最上のホスピタリティ講座」、元証券マンの「正しい投資講座」といった講義はすべて、現在、実際に大学で行われている人気講義です。

こういった講義は、アカデミックな世界で生きてきた既存の大学教員には、なかなか担当できないコンテンツといえます。このような内容であれば、長年ビジネスの世界で生きているあなたも、講座を受けもつことが可能なのではないでしょうか。

大学によっては正規授業以外のカリキュラムとして、ＴＯＥＩＣや秘書検定といった資格取得や、公務員試験や民間企業就職の対策講座を設ける場合もあります。

これは一般に「就職支援講座」ともいわれる課外講座で、基本的には受講希望者のみが授業に参加します。たとえば関西のある大学では、大手資格学校と提携して、資格取得と就職対策のための課外講座を70種類以上も提供しているそうです。

さらに大学は正規学生に対する授業のほかに、社会人向けに「公開講座」や「エクステンション講座」とよばれる講座を行っています。このような一般向け講座は全国の1000校を超える大学・短大で実施されており、その数は年間3万講座以上にものぼります。

内容は、アカデミックな講座のみならず、「絵画」「手芸」「ウォーキング」といった講座までさまざまです。当然のことながら、実務家講師にしかできないコンテンツがその多くを占めています。

大学の講義領域は広がってきています。それに伴い実務家が大学で登壇できるチャンスは格段に増えています。**現代はまさに、何かの専門家であれば、誰でも大**

学で登壇するチャンスがある時代といえるのです。

4 あなたも知らない！ 意外と多い、大学で登壇するルート!!

実務家が大学で登壇するルートは、大きく分けて三つあります。

一つめは**教授や准教授といった専任教員（正規教員）を目指すルート**。いわゆる多くの方がイメージする「正規の大学の先生」を目指すルートです。

このルートにチャレンジするには、何本も学術論文を書き、学会発表などの研究実績を積まなければなりません。また博士号を保有しているか、それに準じる研究もしくは実務実績がなければ、土俵に立つことすら難しいといわれています。決して誰でもチャレンジできるルートではありません。

共著者の石川先生が「はじめに」で書いたように、多くの人がイメージする登壇方法が、このルートにあたります。

ただ、この本を手に取っていただいた方は、あくまで本業をしながら大学講師を目指すビジネスパーソンが多いと思います。このルートは副業では不可能な登壇方法であり、本書の趣旨とは基本的に合致していません。そこで、このルートについては、本書では本文中で軽く触れる程度にとどめます。

二つめが**大学の非常勤講師になるルートです**。このルートは副業でも可能です。

非常勤講師とは、講義のみを担当する非正規教員で、大学から講義を委託された講師のことをいいます。もちろん担当するのは正規授業で、半年15回の講義をした後には学生の成績をつける義務もあります。

ちなみに非常勤講師の講義実績次第では、将来、専任教員に登用される道も開けてきます。現在、教授や准教授の職に就いている専任教員の多くは、教員生活を非常勤講師からスタートしています。

本書では便宜上、このルートを「タイプA『大学』非常勤講師ルート」とよび、第3章でそのアプローチ方法について詳しく述べていきます。

参考までにいうと、「客員教授」や「特任教授」とよばれる役職も、非常勤講師の一種です。ただし普通の非常勤講師よりは扱いが上で、大学の広告塔になれるような有名人や、ビジネスで実績を上げている実務家のなかでも、特に著名な人をこのポジションに充てるケースが多いようです。

一般に「客員教授」や「特任教授」は、正規の教授とはみなされないので、必ずしも学位をもっている必要はありません。就任する年齢もさまざまです。

Qちゃんこと高橋尚子氏が、母校の大阪学院大学で、特任教授に就任したのは2006年。そのときQちゃんは34歳でした。通常、34歳で正規の教授になれるケースはまずありません。

現在、大学の講義は、その多くが非常勤講師によってまかなわれています。大学が非常勤講師を活用しようとするのは、経営上のメリットがあることが大きな理由です。

専任講師と非常勤講師とでは、コストの差が3倍以上あるといわれます。大学としては非常勤講師が担当する講義を増やした方が、大幅にコストを削減できるのです。そのため非常勤講師が担当する講義の割合は、どの大学でも高い傾向にあります。たとえば関東のある私立大学では、開講授業全体に占める非常勤講師の担当率が、なんと76％にのぼっています。

三つめが「**課外講座**」**や**「**公開講座**」**などの講師になるルートです**。

大学の正規授業を担当するわけではありませんが、大学で「登壇する」という意味では、このルートがもっとも講座数が多くチャンスがあります。実務家にとって確率の高いウラ登壇ルートといえます。本書では、このルートを「タイプB『正規授業外講座』担当講師ルート」とよび、第4章で詳しく説明していきます。

以上のように、大学で登壇するルートは三つあります。チャンスの多さや難易度はそれぞれ違います。あなたは、ご自身のキャリアや登壇目的に合わせて、ターゲットを決めてください。もちろん一つに絞る必要はありません。同時に二つのルートの講義を担当することも可能です。私も共著者の石川先生も、複数のタイプを掛けもちしています。

ビジネスパーソンにとって大学で教鞭をとるチャンスは近年大きく広がりました。

ぜひあなたもチャレンジしてみてください。

5　短大の非常勤講師であればハードルは下がる

日本の短期大学の数は、2015年時点で346校あります。1998年までは、大学より短大のほうが多い時代が続いていましたが、いまは毎年のように数が減りつづけています。ここ20年の間に40％以上の短大が消滅しました。「40％も！」とあなたは思うかもしれません。でも安心してください。登壇の場が減ったわけではありません。多くの短大が形態を変え四年制大学に移行しただけなのです。

かつて短大は、女子の進学先として絶大な人気を誇っていました。一昔前までは、女子は短大卒業後に会社に就職し、寿退社をする、そんな固定観念をおもちの方が多かったと思います。

それが近年、女性の社会進出が進み、結婚後も仕事を続けるのがあたり前になったこともあり、しだいに女子受験生の四年制大学志向が強くなってきました。世の中の価値観や社会構造が大きく変わったのです。その変化に合わせて、多くの短大が四年制大学へと衣替えしていったというのが、短大激減の主たる理由です。

現在、私立短大の3分の2が定員割れで、全国の短大の学生総数も、減少の一途をたどっています。短大というもののブランド力が下がっている現状にあって、どの学校も、どうすれば学生を集めることができるか常に頭を悩ませています。

短大の生き残り戦略の方向性は明白です。カリキュラムを差別化し、他校にはない独自性をどのくらいアピールできるかにかかっています。いわゆるUSP（ユニーク・セリング・プロポジション／他校にない強み）を、できるだけ多く打ち出すということです。

そしてUSPをつくるうえでもっとも現実的な方法は、より実践的で役に立つカリキュラムを設けることです。この意向が強まり、最近では専門学校とほとんど変わらないカリキュラム設計をしている短大が増えてきています。

そのため、当然のことながら講師の採用基準も大学とはかなり温度差があります。

単刀直入にいうと、**短大の非常勤講師の採用は、四年制大学と比べるとハードルは高くありません。実務の知識と経験が豊富で、学生をひきつける講義ができれば、学歴や研究実績に関係なく、実務実績だけで即採用となるケースもあるくらいです。**

私自身の例をあげると、現在、非常勤講師をしている短大は、学長と懇意にしている知人の口添えだけで採用が決まりました。履歴書と簡単な職務経歴書（後述する「教育実績書」（ではありません）を提出し、学長と簡単な面談をしただけで採用が決まりました。本格的な面接や模擬講義はいっさいありませんでした。

短大と四年制大学とでは、どのくらい応募要件の厳しさが違うのか、具体的な例で見ていきましょう。以下は最近、JREC－IN Portal（最も有名な大学講師公募情報サイト）に掲載されていた、英語分野の非常勤講師の公募内容です。

A大学（関東地区の四年制大学）の応募資格

❶ 英語関連分野における修士号以上の学位を有する方
❷ 海外留学経験のある方
❸ 研究業績がある方（学術論文が3本以上あること）
❹ 高等教育機関における英語教育歴が2年以上ある方

B短期大学（中部地区の短期大学）の応募資格

❶ 英語に関わる教育歴を有するか、または英語教育に関する研究業績、実務実績

のいずれかをおもちの方

❷英会話科目を担当でき、かつ短期大学教育に熱意のある方

まずA大学は、学歴について❶で修士号以上の学位、❷で留学経験を求めています。最後に「またはこれと同等の実務実績を有する方」といった追加文章がないので、これらは最低限必要な学歴要件と考えられます。

これに加えて、❸では学術論文の執筆と、❹では他校での講師経験を求めています。この2点についても「あることが望ましい」といった表現ではないので、欠けてはならない絶対条件にしていると思われます。非常勤講師の応募資格としては、全体的にかなり厳しめといえるかもしれません。

一方、B短期大学を見ると、まず学歴要件がありません。英語の教育歴、研究業績、実務実績を求めているものの、表現がきわめて抽象的で、具体的な本数や期間がいっさい記載されていません。

要約すると「英語の教育経験か、英語に関する研究もしくはビジネスの実績があって、教育熱心な人であればOKですよ」という内容です。A大学と比べると、

要件が緩めであることがわかるでしょう。

このように、実務実績のある方であれば、短大の非常勤講師は四年制大学と比べてハードルは高くありません。そのため**将来の四年制大学へのチャレンジを視野に入れつつ、最初は短大で講師経験を積むというのも、有効な戦略といえるでしょう。**

6 専門学校はまさに実務家講師の独壇場

「探偵」、「大工」、「メガネ」、「アウトドア」、「ウィンタースポーツ」、「野生動物」、「ジュエリー」、「スイーツ」、「アニメ」、「書道」……。いきなりですが、これらに共通するキーワードは何だと思いますか？

答えは「専門学校名」です!!

すべて実在する専門学校の名称についている固有名詞です。このテーマについて2年間かけて学ぶのですが……はたして、それほど深く勉強する内容があるのか？　正直、疑わしく感じるものもあります。

また、以前から専門学校の学科のなかで、安定した学生数をキープしている学科があります。どこだと思いますか？

それは「テーマパーク科」。

現在、「テーマパーク科」という学科のある専門学校が、全国に8つもあります。そのカリキュラムを見ると、ディズニーの演出やホスピタリティ戦略を学んだり、アメリカのUSJを見学するといった2年間テーマパーク漬けの内容となっています。確かにディズニーランドやUSJで働きたい学生にとっては、心躍るカリキュラムにちがいありません。

一般に専門学校とは、社会のニーズに即した柔軟かつ実用的なカリキュラムによって、専門的な技能の習得を目指す教育機関のことをいいます。その数はなんと大学の4倍近くにものぼります。

カリキュラムのベースは資格取得講座で、簿記や英検、秘書検定といった、主に2年以内で合格可能な資格の取得を目指す講座がメインになっています。

ただ専門学校同士の競争が激しいことに加え、専門学校と変わらないカリキュラムを設計する大学や短大が増えたこともあって、近年は前述のような「特定分野に尖った差別化戦略」を打ち出す学校が増えてきました。

また専門学校の教育が大学と違うところは、職業人を育成するための実践を重視していることです。講義内容は、実習や企業内研修（インターンシップ）が半分近くを占めています。

そして専門学校は、資格の取得など、実践的な職業教育を徹底していることもあって、大学と比べて就職率が高いことが大きな特徴です。２０１４年の専門学校生の就職率は81・２％。大学生の69・８％と比べて、10ポイント以上も高い就職実績を残しています。

現在、専門学校は、「三つの集団」の受け皿になっているといわれています。

まず一つめが大学や短大の卒業生。近年、就職活動が思い通りにいかなかった大学生が、卒業後に専門学校に入学するケースが増えています。２０１３年は、専門学校入学者の約８％にあたる2万1千人が、大学・短大の卒業生でした。

二つめが社会人経験者です。フリーターを中心に、現在の仕事を辞めステップアップを目指して専門学校に入学する人が増えています。そのため専門学校のクラスの年齢層は、10代から30代まで幅があります。親子ほど年齢が離れた同級生がいることも、専門学校では決して珍しくありません。

そして三つめが外国人留学生です。日本語学校を卒業したばかりで、日本語能力にまだ自信をもてない外国人留学生の多くは、専門学校に入学します。

特にビジネス系の専門学校では、大学の経営系学部との競合で日本人学生が集まらないこともあって、外国人留学生を積極的に受け入れています。学科によってはクラスの半数以上が外国人留学生というケースもあります。

このように、専門学校はカリキュラムが実践的であることに加え、学生の属性が非常に多岐にわたっています。そのため、**専門学校の非常勤講師は、実務経験のある人でなければ務めることが難しいのです。まさに専門学校は、実務家講師の独壇場といえます。**

専門学校の講師は全国に約11万人もいます。そしてビジネスパーソンが講師として採用される可能性は、大学の非常勤講師（タイプA）よりさらに高いです。

そこで本書では、大学以外の高等教育機関講師のルートとして、専門学校の講師になる方法も紹介したいと思います。この専門学校講師ルートを、便宜上「タイプC」とよび、登壇するためのアプローチ法を、第5章で詳しく説明していきます。

7 非常勤講師は必ずしも高学歴である必要はない

原則として、大学教員になるために資格は必要ありません。

文部科学省の省令のなかに、教授は「博士の学位を有し、研究上の業績を有する者」が望ましい旨の記載はあります。しかし必ずしも厳格な要件とはなっていません。大学によって基準が違っているのが現状です。

もっとも、**大学の専任教員の採用は、高学歴であるほど有利になることは間違いありません**。最初から、応募資格を博士号保有者あるいは博士号取得予定者に限定しているケースもあります。実務家が専任教員のポジションを競う場合は、よほど大学の広告塔になれるような有名人でないかぎり厳しいかもしれません。

ただし、**大学の非常勤講師（タイプA）にかぎっていえば、必ずしも高学歴である必要はありません**。文部科学省の省令にも、非常勤講師の要件について「大学における教育を担当するにふさわしい教育上の能力を有すると認められる者」としか明記されていません。学歴要件が記載されていないのです。

官公庁や民間企業などから講師に転身している人で、博士や修士の学位をもっていない人はザラにいます。そういった方々は、学位や研究業績以外の専門分野に関する実務実績が評価され、採用されています。つまり、実務家の場合は、「研究業績」や「教育業績」が、専門分野に関する実務経験で読みかえられることが一般的です。

〈博士号または修士号の学位を有する者、またはそれに準ずる教育研究実績または実践的な能力を有する者〉

これは、実際に公開されている某大学の非常勤講師の求人情報に書かれてある応募資格です。「または」が3回も出てくるわかりにくい文章ですが、あなたは解読できましたか？

要するに「実務ですごい経験と実績があれば、学歴の有無は気にしないですよ」と言いたいのです。つまり、あなたのような実務のスペシャリストを募集している可能性が高いのです。同じような内容の応募要件は、ほかの求人情報でも頻繁に目にすることがあります。

実務家の方のなかには、「博士号の学位」という文言を見ただけで、あきらめてしまう人がいます。しかし、ホンネのメッセージが隠れているケースがありますので、文章のウラにある意図を汲むようにしてください。こういった内容の求人には、「タテマエとしては学歴や研究実績にこだわっているように見せるけど、実際は、学生ウケする実践的な講義ができる人がほしい」というホンネが隠れているのです。

そもそも、日本の大学には博士号をもっていない教授がたくさんいます。文系の大学専任教員で、博士の学位をもっている人は少数派です。専門分野によっては、実質的に博士号を出していない大学も数多くあるからです。教授ですらもっていない博士号を、非正規教員である非常勤講師を採用する際の必須要件にするのは、そもそもおかしな話でしょう。

ちなみに、**タイプB（「正規授業外講座」担当講師）とタイプC（専門学校非常勤講師）については、学歴は関係ないと断言できます。**

実際、タイプBとCには学部卒の非常勤講師がたくさんいます。また、出身校が採否に影響を与えることもありません。要求されるのは、資格の有無と実務実績。高学歴が採用に有利に働くことは基本的にありません。

この章のまとめ

- **日本の大学は思いのほかしたたか。少子化でもそう簡単には潰れない**
- **近年、大学は"実務寄り"の講義を求められるようになってきている**
- **現代は、専門家であれば誰でも大学で登壇するチャンスがある**
- **大学で登壇するルートは三つ。キャリアや目的に合わせてターゲットを決める**
- **ハードルの低い短大を最初のターゲットにするのは有効な戦略である**
- **学生の属性が多岐にわたる専門学校は、実務家講師の独壇場といえる**
- **非常勤講師は、実務ですごい経験と実績があれば、必ずしも高学歴である必要はない**

コラム❷

あなたの「売り」は何ですか？

あなたが、かつての私のように「大学や専門学校などの高等教育機関で登壇すること
なんて不可能だ」と思っていたとしたら、第2章を読んで可能だということがわかりま
したよね。

でも、もしかしたら、こんなことを考えているかもしれません。

「少子高齢化で学生が減っていく。学校も減っていく。そのぶん教員も減っていく」
「減っていく」の三段連鎖。ますます登壇の機会が失われていく。

このような心配を払拭すべく、千葉先生は答えていましたね。「子どもが減っても、
外国人留学生、そして学びたいと思っている社会人学生が大勢いる」。
そうなんです。子どもが減っても、学びたい人は確実に増えているのです。あなたも、
思ったことはありませんか？

「あ〜、学生のときに、もっと勉強しておけばよかった」

そう思っている人があなたのほかにも大勢います。そして、そんな後悔したままの時代は終わりました。学びたいと思った人は、社会人向けの「公開講座」や「エクステンション講座」に通うことができるのです。

勉強したい内容が実学。「実務に役立つシリーズ」。これは少子化で少なくなっていく学生も一緒です。就職に役立つこと、就職してから役に立つ実学を、実務家から学びたいと思っているのです。

「あれっ！　もしかして自分の出番かな？」と思ってきましたか？

そうなんです。あなたの実務的な知識を教えてほしいという学生が、あなたが登壇するのを待っているのです。

あなたが、何かのスペシャリストなら、登壇できる可能性は一気に高まります。スペシャリストといっても実務で身についたこと。そして、その知識が日本でトップクラスとか国家資格だという必要もありません。

「自分なんかが教えることなんて何もない」という人がいます。とんだ勘違いです。自分にとって当たり前のことでも、人にとっては知りたいことだったり、新鮮なことだったりするのです。

人は自分を過小評価します。自分の知っていることは普通で、自分が知らなくてほかの人が知っていることはすごいことだと。いえいえ、あなたの知っていることもすごいことなのです。

学びたい学生にとって有意義で役立つ話ならいいのです。

営業、会計、保険、資金繰り、英会話……。多種多様な講座のなかで、あなたが打ち込んだことであれば、十分登壇する資格があるのです。

もう一度、あなたのいままでのプロフィールを掘り下げてみませんか？

重ねてきた年月だけ、あなたが活躍できる場は広がります。

あなたが苦労した分だけ、伝えることが増えていきます。

あなたが一生懸命に打ち込んだことが、次世代に伝わります。

あなたの「売り」は何ですか？　それが登壇するテーマになるのです。

石川和男

第3章

これであなたも大学で登壇できる❶

「タイプA」「大学」非常勤講師ルート

1 ― ハードルは高いが、門は決して狭くない

これから、タイプA、B、Cそれぞれの高等教育機関講師になるための具体的な方法を述べていきます。ここからが、本書のメインの内容となります。

改めて各タイプについて説明すると、まずタイプAが「大学」の非常勤講師になるルート。ちなみにここでいう「大学」には「短大」も含みます。3つのタイプのなかでは、もっとも難易度の高いルートといえるでしょう。内容については、この章のなかで詳しく説明していきます。

次にタイプBが、大学の「課外講座」や「公開講座」といった正規授業外講座を担当するルート。詳しくは第4章で述べていきます。大学に直接雇用され、正規授業を担当するわけではないため、タイプAと比べると若干難易度は下がります。

そして最後が、「専門学校」の非常勤講師になるルートです。ビジネスパーソンにとって、講師として活躍できる可能性がもっとも高いのがこのタイプCです。

A

高等教育機関講師 3 つのルート

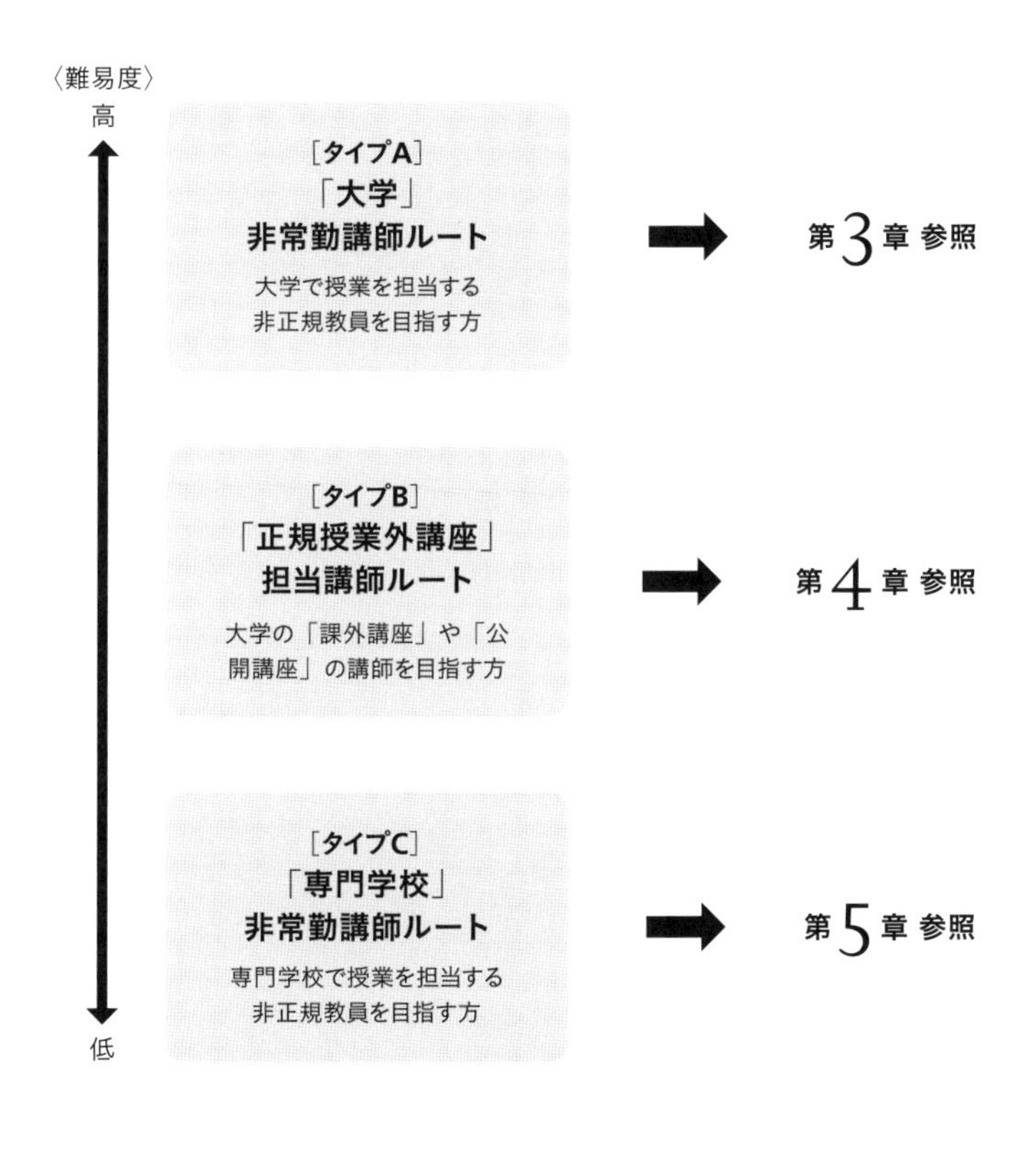

実務家講師に広く門戸が開かれていることもあり、なりやすさという意味では、3つのなかで最もハードルが低いルートといえるでしょう。内容については、第5章で紹介していきます。

それではまず、この章ではタイプAについて説明していきます。

改めて大学の非常勤講師とは、授業のみを担当する非正規教員で、大学から授業を委託された講師のことをいいます。非常勤講師の形態はさまざまで、本業をもちながら、週に何度か授業を受けもつ人もいれば、ほかの大学で教授などの専任教員をしている人が、別の大学では授業だけ担当する非常勤講師職に就くケースもあります。

大学の非常勤講師は、企業でたとえていうなら、契約社員か派遣社員のようなもの。正社員ではありません。ただ、決してアルバイトではなく、学生の将来を決めることもある重要な責務をもった仕事です。

現在の大学非常勤講師の数は、約19万4千人（2014年）。教授や准教授といった大学の専任教員の数が約18万人ですから、非正規である非常勤講師のほうが、正規教員よりも人数は多いのです。

日本では大学教員になるために、教員免許の資格を取得する必要がありません。ましてや医師や弁護士のような国家試験に合格する必要もありません。幼稚園・保育所や小、中、高校の教員とは違って、大学教員は、日本の教育指導者のなかで唯一、教員免許がいらないポジションなのです。

学歴についても、大学院の博士課程修了者のほうが有利なことは間違いありませんが、必ずしも絶対的な条件とはなっていません。能力のある人であれば、学部卒で非常勤講師になるケースもあります。

そもそも現状、教授や准教授といった大学専任教員でさえ、大学院博士課程を修了している人は46％しかいません。博士号をもっていない専任教員が半数以上を占めているのです。正規教員でももっていない学位を、非正規教員採用の絶対条件にするのはナンセンスでしょう。

実際、官公庁や民間企業から大学教員募集に応募する実務家の多くは、大学院を修了していません。また、学位をもっていないだけでなく、研究業績や教育業績がほとんどないこともあります。この場合は、専攻分野に関連する「実務経験」で読みかえられることが一般的です。

非常勤講師の要件について、文部科学省の省令には、「教育を担当するにふさわしい教育上の能力を有すると認められる人」としか書いていません。非常にあいまいで、採用基準が大学ごとにブラックボックスとなっているのが実状です。

もっとも、非常勤講師の採用基準は、一般には専任教員と比べて厳しくありません。理由は明確で、大学内の教員ポストの増減とは直接関係のない、非正規教員の採用だからです。どの企業でも、正規社員の採用には時間とコストをかけたとしても、通常、非正規社員や派遣社員の採用にそれほど神経を尖らせることはないでしょう。

とはいえ大学教員の仕事は、希望者が殺到する超人気職であることは確かです。特に首都圏の有名大学であれば、倍率が１００倍以上になることも珍しくありません。以前、都内の有名大学のメディア系学部が講師を公募した際に、大手マスコミ出身者を中心に、数百倍の応募があったといいます。

第二の人生を大学教員として過ごしたいと考える人は、どの分野にもたくさん存在します。採用されるためのハードルは高く、決して誰でもなれるわけではありません。

ただ、これまで再三述べてきたように、いまは大学で、どんどん実務寄りの講義が求められるようになってきています。どんな分野でも、**おもしろいコンテンツをもった実務家講師の採用ニーズは確実に存在します**。その意味で、このタイプAは、「ハードルは高いが、門は決して狭くない」ルートといえるのです。

2 〝コネ〟〝口利き〟〝紹介〟がもっとも確実

大学の非常勤講師になるために、もっとも確実な方法はなにか？　それは断然、「コネ」を利用することです。大学講師の採用にかぎらない話でしょうが、「信頼できる関係者からの紹介」というのは、人の評価を決めるうえで何よりの援軍となります。

大学の専任教員（正規教員）の場合はともかく、**非常勤講師は有力なコネや口利きがあれば、比較的簡単に採用が決まる**と断言する大学関係者は多くいます。

大学にとって、メイン商品は授業です。その大事な商品を提供する講師に、変な人が来られてはたまらないと考えるのはどの大学も同じです。

とかく大学教員のポストには、「一般社会にはなじまない」変わった性格の人が集まりがち。そして、そういった性格は、1～2回の面接ではなかなか見抜けないことが多いものです。そのため、リスクを避ける意味で、信頼できる人の紹介を優先しがちになるのです。

以前、ある学校の講師室で40代の男性講師と話をしたときのこと。

私が「どうして講師になったのですか？」と訊いたところ、その方は「私は本当に人間嫌いで、会社の人間関係にとことん嫌気がさしたので、大学講師になりました」と、臆面もなく言ってのけました。よくまあこんな人に講師の仕事が務まるものだと、妙に感心したことを覚えています。

良い授業をつくるには、学生と対話するコミュニケーション能力が必要です。また大学も組織であるからには、職員やほかの講師とうまく協力関係を築いていかなければなりません。当然のことながら、人間嫌いであってはいけないのです。

この方の場合は、何かの間違いで採用されてしまったのでしょうが、学校側は本来であれば、こういうタイプの人は排除したかったはずです。

この点、紹介であればリスクは少なくなります。ある意味、紹介者が「保証人」になってくれるからです。仮に採用後に「失敗した！」と思っても、場合によっては、その紹介者にクビを通達する役割を担ってもらうことだってできます。紹介する側にとっても、自分の信用にかかわることがわかっているので、変な人であれば安請け合いはしないはずです。

また、採用する側の立場でみても、公募で一つのポストに何百もの応募があった場合は、最初の書類選考だけでもかなりの時間をとられます。さらには採用の途中段階で、応募者が別の大学に逃げてしまうことだってありえます。コネ採用であれば、このようなデメリットが生じることはほとんどなく、効率的です。

よく聞く話として、表面上は公募とみせかけて、実はウラでコネ採用をしているようなケースもあるといいます。そういったケースでは、「ウチの大学は、公明正大に採用活動をしている」とアピールするため公募情報を発信しますが、実際には公募をする段階で、すでに講師はコネで決定しています。

また、学内の何らかの政治的圧力によって、途中から採用基準が変わってしまうようなケースもあります。

たとえば実際にあった例として、公募情報の発信後に、学内人事委員会でぜひ女性講師をとりたいという意見が主流になったため、最終的には、その委員会の主力メンバーが推した女性を採用したというケースがありました。

純粋公募と信じて、時間をかけて提出書類を準備した応募者にとっては、たまったものではありません。

後述のとおり、いまは大学講師の採用方法は公募がメインです。ただ、一方で、〝コネ〟〝口利き〟〝紹介〟があれば、一気に採用の確率が上がる世界であることは知っておいたほうがいいかもしれません。

ではどうすれば有力なコネをつかむことができるか、ということについては、102ページ以降でいくつか方法を紹介していきたいと思います。

3 ― 採用方法は公募が主流

非常勤講師の採用方法は、近年、公募が主流になっています。以前は特定のク

【図 1】研究者人材データベース（JREC − IN Portal） https://jrecin.jst.go.jp/seek/SeekTop

ローズされたコミュニティでのみ採用情報が流れる時代もありました。いまは大学のホームページや求人情報サイトで、広く公募内容を発信しています。全国から応募があるため、50～60倍の倍率になることも多いようです。

大学にとっての公募のメリットは、講師を探索する範囲が全国に広がるため、思ってもみなかった魅力的な人材を発掘できることにあります。また選考基準の透明性と公平性を広くアピールできるという面もあるでしょう。

公募情報が掲載された求人サイ

トとしては、国立研究開発法人科学技術振興機構による研究者人材データベース（JREC－IN Portal）https://jrecin.jst.go.jp/seek/SeekTop が有名です。採用する側も採用される側も、簡単に利用できるようになっています（【図1】参照）。ほかに、当該大学のホームページや専門学会のなかでも、大学教職員の公募情報は告知されます。

JREC－IN Portal には、新たな公募情報がほぼ毎日掲載されています。特に非常勤講師の場合は、比較的短期で募集が終わってしまうことが多いため、普段から情報をこまめに検索したほうがいいでしょう。

ただし、公募期間があまりにも短すぎる場合は、すでに採用者が決まっている「出来レース」の可能性があるので注意が必要です。

掲載日から募集終了日まで一ヵ月以上あるのが普通なので、期間が一週間くらいで設定されている場合は、あやしいと思ったほうがいいかもしれません。

もっとも、急な欠員が出て、本当に緊急で講師を募集しているケースもあります。ただ、その真偽を確実に確かめる手段は残念ながらありません。

公募内容に関して、研究者よりもむしろ実務家講師を強く求めている案件は、詳細情報を見ればだいたいわかります。そのようなケースは、応募資格の欄に「～に関する実務歴がある方」といった文言が入っているケースが多いです。

アカデミックな世界で生きてきた研究者を積極的に求めているのであれば、この文言は必要ないはずです。

そのため情報を検索する際は、「複数条件」のなかにあるキーワードのスペースに〝実務〟と入力して検索をしてみてください。実務経験のある講師を求めている公募情報に、確実にヒットすることができます。

また、非常勤講師の場合は、自宅から大学所在地までの距離が遠ければ、それだけで不採用となる可能性が高いです。

大学が非常勤講師を採用する理由として、コストを低く抑えられるという面があることは、紛れもない事実です。

そのため、特別なオリジナルコンテンツをもった人でないかぎり、それほど多額の交通費を支払ってまで遠方の応募者を採用しようとは考えないでしょう。

大学によっては、あらかじめ応募資格欄に「2時間以内で通勤可能な方」と記載していたり、公募の待遇欄に、一日の交通費の上限金額を記載していたりすることもあります。

公募については、ハードルが高いことは間違いありません。ただ、「倍率が高くて難しそうだ」と、はなから応募自体をあきらめることはやめてください。念のため申し上げると、この倍率は条件を満たしていないにもかかわらず、「ダメモト」で応募する人を含めた数字です。実務でしっかりとした実績をおもちのあなたであれば、チャンスは必ずあります。とにかく、まずはチャレンジすることが重要です。

4 非常勤講師の採用要件は、「研究実績」と「実務実績」

大学教員の採用のプロセスは「書類審査」がメインになります。一般に民間企業は面接重視、公務員が試験重視なのに対して、大学教員の採用は、書類審査を重視するといわれています。

大学教員を採用する場合、応募者の優劣は、その人の可能性や将来性といった観点ではなく、主にこれまでの「実績」で判断するため、実績が可視化できる書類審査がもっとも合理的なのです。

もちろん書類審査の後は二次選考として面接を行いますし、大学によっては、模擬講義を要求する場合もありますが、このステップに進めるのはごく一部。書類審査の段階で、応募者をかなり絞り込むケースがほとんどです。多くの応募者が、書類審査だけでむなしく不合格通知を受けることになります。

ちなみに、不合格者に対していっさい何のフィードバックもしない、不誠実な大学もザラにあります……。

大学が非常勤講師を採用する際に、**特に重視する要件は「研究実績」と「実務実績」です**。

たまに学歴（博士号の有無）や教育実績を最低限の応募条件として設定する大学もあります。こういった公募は、最初から純粋な研究者しか採用するつもりのない案件です。

応募資格の欄に「博士課程修了者」「○年以上の教育歴を有する方」といった文章が明記されている場合は、実務家が応募しても徒労に終わる可能性が高いので、あまり深追いしないほうがいいでしょう。

「研究実績」というのは、一般には著書・学術論文の業績や学会発表の実績を指します。そして、応募の段階で、著書や論文の現物の提出が求められます。

102ページ以降でも述べるように、実務家でもある程度は、なんらかの「研究実績」をつくる必要があります。

もっとも「実務実績」に十分なインパクトがあれば、たとえ「研究実績」が貧弱だったとしても、その点はある程度、割り引いて見てもらえますのでご安心ください。

「実務実績」の具体的な中身に関しては、特定の分野を深く知っているというのが理想です。マーケティング、営業、財務など特定分野での実務経験が長いと、その道のプロと判断されます。単なる担当者レベルの経験では、ちょっと印象が薄いかもしれません。

また本来書類に書くことができる業績は「個人単位」です。ビジネスパーソンや役人のなかには、「あの有名なプロジェクトに関わった」ということを自慢げに話す人がいますが、こういった集団単位の仕事は書類審査にはなじみません。

非常勤講師 履歴書

平成　　年　　月　　日

フリガナ		男・女	写真
氏　名			
年　月　日生（満　歳）	国　籍		
現住所	〒		
TEL（携帯）		Eメール	
TEL（自宅）			

学　　歴	
年　月	事　　項

職歴および教育歴	
年　月	事　　項

学会および社会における活動	
現在所属している学会	
年　月	事　　項

現在の職務の状況			
勤務先	職名	学部または所属の名称	勤務状況

【図2】履歴書サンプル（紙面の都合により、1枚にまとめています）

あくまで「実務実績」の中身は、自分自身が何を実現したかを書くようにしましょう。

応募の際に提出する書類は、大学ごとに内容やフォーマットが異なりますが、主に「履歴書」（【図2】参照）と「教育実績書」（【図3】参照）の二つが基本です。大学によってはこのほかに、教育に対する抱負やシラバス（授業計画書）の提出を求めることもあります。

「履歴書」は、氏名や生年月日、住所など、一般的なものと必要記載事項は変わりませんが、一点違うのは「学会および社会における活動」を訊かれること。一般の人でも入会できる学会もしくは学術団体に、あらかじめ入っておくことをお勧めします。

また、「教育実績書」には、「教育実績」と「職務実績」、および「研究実績」を記入する項目があります。このうち「教育実績」にはこれまでの教育指導経験を、「研究実績」には著書・学術論文の業績や、学会発表の実績を記入します。

もっとも実務家の場合は、「教育実績」のない方がほとんどだと思いますので、ここではもっぱら、「実務実績」を厚く書きます。もしビジネスパーソンで、過

教育実績書

平成　年　月　日
氏名

研究分野	研究内容のキーワード

教育実績

事項	年月日	概要
1 教育方法の実践例		
2 作成した教科書，教材		
3 教育上の能力に関する大学の評価		
4 実務の経験を有する者についての特記事項		
5 その他		

職務実績

事項	年月日	概要
1 資格，免許		
2 特許等		
3 実務の経験を有する者についての特記事項		
4 その他		

研究実績

著書，学術論文の名称	単著または共著	発行または発表の年月	発行所，雑誌、発表学会の名称	概要
（著書）				
（学術論文）				

【図3】教育実績書サンプル（紙面の都合により、1枚にまとめています）

去に社員教育や部下指導の経験がある方は、教育上の能力があることを示すため、その旨を「教育実績」として記入するといいでしょう。

これまで書いたことのない項目がいろいろとあって、少々面食らったかもしれません。ただ、冒頭でも述べたとおり、大学教員の採用は、「書類審査」がメインです。ここは、「一生モノの副業」を得るために避けて通れない道と考え、時間をかけて内容を固めるべきです。逆に面接対策にはそれほど時間をかける必要はありませんので、面倒に思わず、ご自分の実績をしっかり書面でアピールしてください。

5　実現の近道❶ 学会に参加して学術論文を書く

ここからは、タイプA（「大学」非常勤講師ルート）を実現するための近道となる具体的な方法をいくつかご紹介します。有効な方法の一つめとして、まず「**学会に参加して学術論文を書く**」ことがあげられます。これがある意味、王道の方法といえます。

先ほど、大学教員の応募書類のなかに「学会活動」や「学会発表の実績」を記入する項目があると述べました。ただ、「学会」といっても一般にはなじみのない言葉です。関係者以外に、その活動内容について詳しく知っている方はほとんどいないでしょう。では、そもそも「学会」とは、一体どんなことをしている集まりなのでしょうか。

学会には、大きく分けて2種類あります。一つが政府機関である「日本学術会議」の協力学術団体。そしてもう一つが、学会を自称する学術研究団体です。前者はいわば日本政府が認めた学会で、現在1500団体以上あります。一方、後者は社会科学系のものが多く、その数は不明です。なかには、会員数が100名にも満たない小規模な団体も数多く存在します。

学会とは、ひと言でいえば、専門分野の学者がつくった会合です。○○学会というように、専門分野ごとにつくられ、定期的に集まりを開いて、自分たちの研究結果を発表しあっています。大きな会合は年に数回ですが、学会内でさまざまな研究会が頻繁に開催されています。

こういう場で自分の研究成果を発表すれば、研究実績としてカウントされます。

いわゆるこれが、「学会発表」とよばれるものです。そこで驚くような発表をすれば、自分の存在を大学関係者に認知させることができます。

大学の非常勤講師になるためには、〝コネ〟や〝口利き〟がもっとも確実であると述べました。コネをつくるのに一番手っ取り早いのが、こういった学会に頻繁に出入りをして、大学関係者と顔なじみになること。学会で強固な人脈を築き、講師の欠員が出たときに声をかけられる対象になっておくことが重要です。

学会後の懇親会の席で、大学関係者に「非常勤講師の職を探している」ことを伝えておくと、後からあっさり声がかかるかもしれません。また公募の場合でも、実はあらかじめ裏で声をかけられているケースもあるといいます。面接で「〇〇先生と知り合い」であることをアピールできれば、採用に有利に働くことは間違いありません。

書類審査の対象となる「学術論文」とは、一般的には、こういった学会の研究会などで発表し、学会誌などに掲載されたものを指します。地道に学術論文を書いて、学会誌に投稿することが大切です。

学会誌は、学会によって、年に何度も発行する学会もあれば、年に一回しか発

【図 4】学会名鑑　https://gakkai.jst.go.jp/gakkai/

行しないところもあります。また、学会誌への論文掲載の条件として、研究会での発表を必ず義務づけているケースもあります。

学会の入会は、すでに会員となっている人からの紹介が必要な場合が多く、入会申込書に1～2名の紹介者（既存会員であれば誰でもよい）の記入を求められます。

もし入会したい学会に知り合いがいなければ、当該学会が主催するシンポジウムなどに参加してネットワークを築き、紹介者になってもらえる人を探す必要があります。

会の歴史が浅く、会員数が100名程度の小規模な学会は、ある意味「ねらい目」です。入会基準が比較的緩やかで、既存会員の紹介が不要のケースもあります。このような小規模な学会では研究発表や学会誌への論文掲載のハードルが低いので、研究実績を積むにはうってつけです。

学会に入会すると、著名な研究者や新進気鋭の学者と交流が図れます。また、研究会で最先端の研究成果を聴くだけでも、知的好奇心が満たされ、非常におもしろく感じるでしょう。学会での経験は、仮にあなたが大学非常勤講師の道に進まなくても、その後の人生に必ずプラスとなるはずです。

どのような学会があるか知りたい場合は、日本学術会議、公益財団法人日本学術協力財団、国立研究開発法人科学技術振興機構が運営する「学会名鑑」で詳細を調べることができます（【図4】参照）。

ご自分の専門分野を扱っている学会については、一度内容をチェックしてみてください。

6 ―― 実現の近道❷
出版などの言論活動で目立つ

有効な方法の二つめが、**「出版などの言論活動を積極的に行って、自分の存在を目立たせる」**ことです。大学の世界では、とにかく、〝Publish（出版、発行）〟がすべてといわれます。

大学教員の採用が「書類審査」で決まることからもわかるとおり、書類に記載できるような実績をとりわけ重視します。なかでも書籍は、学術論文と並ぶ〝Publish〟の代表であり、個人を評価するうえで大きな実績とみなされます。

本を書くことの重要性は、理系と文系では若干温度差があります。

理系の先生方は、研究者としての本来の成果発表の場は、あくまで学会論文誌や学術雑誌に掲載される「学術論文」という考えをもっています。

そのため本の執筆は論文の執筆と比べると、重要度の低い活動という見方をされることが多いのです。別の言い方をすると、論文の執筆が純粋な研究活動と捉えられるのに対し、本を書くことは原稿料や印税を得るために行う、本分とは違う仕事とみなされる傾向があります。

一方、文系の場合は書籍も論文と同じく評価基準に含まれ、優れた書籍は論文と同様あるいはそれ以上に評価されることがあります。

文系の先生方の考え方としては「本を出版できるということは、読者がお金を払ってでも読みたいと思うものが書けるということだから、自ら掲載料を払って載せてもらう論文を書くより価値がある」ということのようです。

とはいえ大学教授のなかにも、一冊も出版実績のない人はたくさんいます。出版社は売れそうにない企画は相手にしません。大学教授だからといって、原稿を持ち込めば無条件で出版してくれるほど甘くはないのです。

出版できない人は、論文の数で勝負するしかありません。大学教員の採用の際は、著書1冊は論文3本分とカウントするという説もあります。

もっとも、大学業界で評価されるのは、いわゆる「専門書」や「学術書」といわれる種類の書籍です。「実用書」や「啓蒙書」でギリギリOKという感じでしょうか。少なくとも軽いタッチの「ビジネス書」や「エッセイ」の出版は、実績としては劣ります。

もちろんブログなどで公表している文章は、大学教員の採用という観点からは、まったく加点要素になりません。

ただし、ビジネス書の著書がベストセラーになれば話は変わってきます。アカデミックな要素が入ったテーマで、世間に強烈なインパクトを与える内容であれば、「ぜひうちの大学で教えてほしい」と声がかかる可能性が高くなります。

また出版した著書の数が多ければ確実にプラスの要素になるでしょう。ビジネス書でも、特定分野で切り口の異なる書籍を2ケタ以上出版しているような人であれば、当該分野に関する幅広い知識があって、学生が興味をひくような講義ができると思われるからです。

書籍とは別の言論活動として、新聞や雑誌にコメントが載っていたり、業界誌で文章を発表したり、専門分野に関するコメントがテレビで流されたりするような人は、大学関係者から声がかかる可能性があります。

強みは専門知識と知名度がある点です。大学としては、「この人であれば、学生ウケするだけでなく、学校の広告塔にもなってくれるかもしれない」と、期待をもつことができるからです。

著書というのは、自らアピールしなくても、相手に自分のキャリアや専門性を認識してもらうことができる、格好の自己紹介ツールです。言論活動で活躍している人は、確実に大学関係者の目に留まります。

そのため出版などの言論活動で目立てば、自ら働きかけなくても、大学関係者のほうから「講師をしてほしい」とお願いされる可能性も高いのです。

7 実現の近道❸ 大学内のキーパーソンと関係を構築する

実現の近道の三つめは「**大学内のキーパーソンと関係を構築する**」ことです。前述のとおり、非常勤講師の採用は、〝コネ〟や〝口利き〟があれば、確率が一気に上がります。

ある学会でご一緒した中堅私立大学の老教授は、「ウチの大学では、私がOKと言えばサルでも非常勤講師にできるよ」と豪語していました。まさか本当にサルを講師にするわけはないでしょうが、それくらい強い決裁権をもっていて、採用を「恣意的に」決められるということなのでしょう。

もちろん、こんな学校は少数派だとは思いますが、大学内の講師採用におけるコネの影響力を知るうえで、非常に示唆に富む話といえます。

では、大学関係者のなかで誰と関わりをもてばいいのでしょうか。もちろんこれについてはケースバイケースで、大学ごとにキーパーソンが違うため、一概に断定することはできません。

ただ相手が大学の上層部であればあるほど、可能性が高くなることだけは間違いありません。専任教員のなかでも、若手の准教授よりは年配の教授、年配の教授よりは学長や理事長クラスと知り合いになれば、それだけ有利になるはずです。

ちなみに大学教員には、「学部長」や「研究科長」とよばれるポストがあり、形式的にはこのポジションが管理職とされています。ただ民間企業でいうなら課長クラスの権限しかもっていないケースがほとんどです。

これは年齢順に務める輪番制のポジションで、雑務が増えるため、多くの人ができることなら避けて通りたいと思っているポストのようです。肩書きに「学部長」や「研究科長」とついていても、必ずしも強い人事権をもっているわけではないことは知っておいてください。

攻略するターゲットは、第一に「学長」か「理事長」。もしそれが難しければ、第二のターゲットとして、古株の教授、准教授にアプローチしましょう。アプローチ方法としては、まず当該キーパーソンが行っている講演会やセミナーを調べて、すべてに参加することです。

大学の公開講座で講師をしている場合は、当然、受講すべきです。まったく内容に興味のない専門講義の可能性はありますが、そこは関係構築のためと割り切って講義を受けてください。

人は会う回数が増えれば増えるほど、相手に対する好意や親近感が増すことは心理学でも証明されています。その先生の講義に何度も足を運んで、そのたびに自分が非常勤講師希望であることを積極的にアピールしていれば、欠員が出たときに、何かしらの便宜をはかってくれる可能性は高いでしょう。

また早朝や土日などに勉強会を開催して、そこに大学教授を講師として招く方法もあります。大学の先生（特に文系）というのは、基本的に話すことが好きなので、講師に招かれて嫌な顔をする人はほとんどいません。もちろん謝礼を支払う必要がありますが、タレント教授でもないかぎり、そんなに費用はかからないと思います。

いきなり学長や老教授に近づくのが難しければ、最初のステップとして、その学校で非常勤講師をしている人と接点をもつのも一つの方法です。

非常勤講師であれば、学長クラスと比べて、はるかに「近づきやすい」と思います。非常勤講師という立場なので、その学校内での影響力はあまりないかもしれませんが、少なくとも内部事情には精通しているはずです。

学内の教員や職員のパワーバランスや、キーパーソンの情報をうまく訊きだせば、精度の高い次の戦略を考えることができるでしょう。

キャリアのある非常勤講師であれば、紹介や口利きをする力をもっている場合もあります。その大学での講師歴が長く、業界内で顔が広いことで知られているような人であれば、講師の欠員が出た際に、「誰かいい人はいないですか?」と、大学から真っ先に尋ねられることがあります。

現に私自身も、いま教えている短大で副学長から問い合わせを受け、これまで知り合いを2人ほど非常勤講師として紹介しました。特に担当職員が忙しくて採用する時間がなかったり、財政的に厳しい学校であれば、採用活動の手間を省くために、学内関係者からの紹介で新任の非常勤講師を決めようとするケースは十分にありえます。

8 実現の近道❹ 社会人大学院に入学する

タイプAを実現するための近道として、最後に「**社会人大学院に入学する**」という方法をご紹介します。つまり、「専門職大学院」ともよばれる大学院に入学し、専門分野に関する学位を取得するアプローチ法です。

専門職大学院は、ビジネス、会計、公共政策など、さまざまな分野で開設されており、現在、全国で約8000人の社会人が学んでいます。

一般に、大学院の学費は年間60万円～200万円程度で、働きながらでも学べるように平日の夜と土曜日に授業が開講されています。期間は2年間が基本ですが、学科によっては1年間で修了できるコースもあります。ただし、1年コースの場合はフルタイムになるケースがほとんどです。最近は、社会人学生の利便性向上のため、都心の交通の便が良い場所に、サテライト・キャンパスを設置する大学院も増えています。

社会人大学院生も、フルタイムで通学する一般の学生と同様に、修了後は修士号の学位が授与されます。また、なかには3年間で、社会人が博士の学位まで取得できるカリキュラムを設置している大学院もあります。前述のとおり、博士号の学位があれば、大学非常勤講師職を目指すうえで確実にアドバンテージを得られるはずです。

社会人大学院への入学は、従来と比べて簡単になっているといわれます。近年は、大学院の数が増加したこともあり、多くの学校が学生の確保に苦慮しています。そのため社会人に対しては、入試に関して特別な配慮がなされているケースがほとんどです。

通常は、大学入試のような受験勉強はいっさい不要で、書類審査と面接試験のみで合否が判定されます。具体的には、入学後の研究計画書を提出し、その内容に関する面接を受けて、合否が決まります。

もっとも、大学講師を目指すくらい社会で活躍している実務家の方であれば、こういった計画書の作成や、面接の応対はお手のものだと思います。私のまわりにも、ほとんど事前準備をせずに大学院に入学したビジネスパーソンが何人もいます。いずれにしても社会人大学院の入試準備については、事前にそれほど多くの時間と労力をかける必要はありません。

ただ入学後の学生生活に関しては、仕事をしながら授業についていくのは正直大変です。仕事の都合でどうしても授業に出席できず、結局、退学や留年をしてしまう社会人学生は少なくありません。仕事と勉強を両立させるための環境整備を、入学前にしっかりしておく必要があるでしょう。

大学講師を目指される方が、社会人大学院で学ぶメリットをほかにあげると、何といっても**大学関係者とのコネクションが得られる点が大きいと思います**。師事する指導教授と強固な関係を築くことができれば、まずは教授が会員となっている学会に入会することができます。

また、その教授が教員採用に携わっていれば、大学院修了後に、「非常勤講師をやってみないか」と依頼される可能性もあります。卒業生を非常勤講師に充てるケースはよくある話です。自分の息のかかった学生を、内部の講師にしたいと考えるのは人間心理として理解できるところです。

この章のまとめ

- **大学非常勤講師は、ハードルは高いが、門は決して狭くないルートといえる**
- **有力なコネを見つけるのが、もっとも有効で確実な方法である**
- **非常勤講師の採用は公募が主流。普段からこまめに公募情報をチェックする**
- **採用にあたっては、とくに「研究実績」と「実務実績」が重視される**
- **学会に参加して学術論文を書くのが、大学講師になるための王道である**
- **出版などの言論活動で目立つと、大学から声がかかる可能性が高い**
- **コネを得るために、普段から積極的にキーパーソンとの関係づくりをすべき**
- **社会人大学院への入学は、大学の内部事情に精通するには有効な方法である**

コラム❸

なぜ、人は勉強するのか？

本文にあるように、社会人が大学院に入学し勉強し直すケースが増えています。なぜ、人は勉強するのでしょうか？

遊びまくっていた小学校時代。「オトナになったら勉強しなくていいから、早くオトナになりたいな」と思っていました。

親から「勉強は？　宿題は？　英語の塾のテストは？」と言われるたびに、勉強をする理由がわからずに悩んでいました。

あれから37年。いまでは、あの頃の10倍は勉強していますが、当時は勉強をする意味がわかりませんでした。

そんなときに観たのが金八先生シリーズ1作目。近藤真彦、田原俊彦、三原じゅん子など豪華メンバー。15歳で妊娠出産したりと衝撃的なシーンが多い作品でした。武田鉄矢扮する金八先生が心に響く言葉を連発し、大好きな番組でした。

そして、ずっと謎だった「なぜ勉強しなければならないのか？」が、この番組を観て偶然わかったのです。

そのシーンは受験に悩む生徒たちに金八先生が語りかけるシーンでした。


むかしむかし、海の近くに住んでいる一人の男が、奇妙な魚を食べた。

その男はその魚を食べて死んでしまった。

その魚はフグだった。

周りの人たちは、そんな危ない魚を食べるからだ。馬鹿だな、と笑ったが、その男はただの馬鹿ではなかった。

死ぬ間際「どうもあの目玉を食べたのが悪かった」と言い残して死んでいった。

そして、また違う男が同じようにフグを食べて死んだ。

その男も死ぬ間際に「目玉も悪いけど皮も悪かったみたいだ」と言って死んだ。

次にまた別の男が、フグを食べて死んだ。

そしてその男は「目玉も皮も悪いかもしれないが、骨も悪いみたいだ」と言って死んでいった。

そんな人たちのおかげでいま、安心してフグを食べられるのだ。

文化とはそんなたくさんの人たちの行いの積み重ね。

だからこそ、いまがある。

ご先祖のおかげをもって、いま、平和に生きている。

だから、私たちも次の世代が幸せになることを残さなければいけない。

小学6年生のときに、このシーンを見て、「あ〜、勉強をするって、こういうことだったんだ。次のまた次の世代である未来に、幸せになるものを残すために、より良い社会にするために、勉強ってするもんなんだな」と思ったのを覚えています。

もう37年も前の話。趣旨は覚えていましたが正確なセリフがわかりませんでした。誰か1人ぐらいはネットでアップしているかもと検索してみました。驚き、感動しました。多くの方々が、私と同じように、このシーンを覚えていて、感銘を受け、ブログなどにアップしていたのです。

またこのとき調べてわかったことですが、金八先生のセリフは、小説家、坂口安吾の「文化とはふぐちりである」という話からの引用でした。

次世代のために勉強する。そんな志をもった人たちの応援ができるのも講師の魅力の一つです。

石川和男

第4章

これであなたも大学で登壇できる❷

［タイプB］「正規授業外講座」担当講師ルート

1 学者や研究者には教えられないテーマが主流

この章では、大学で登壇するための二つめのルート（タイプB）を紹介していきます。

大学の正規授業以外の講座である「課外講座」や「公開講座」を担当するルートです。正規の大学教員になるわけではないのですが、教員と同じく大学の教壇に立って受講生相手に講義をすることにちがいありません。

実務家が大学で登壇したいと考えたとき、このタイプBを目指すのがもっとも現実的で、チャンスが大きいといえます。

「課外講座」とは、在学生向けに行う、正規の授業以外の講義のことをいいます。メインは就職支援や資格取得に関するサポート講座で、大学ごとに多様なラインナップが準備されています。正規授業ではないため、学生の「成績」には関係がなく、基本的に講師が受講生を評価することはありません。

課外講座では、講座ごとに受講希望者を募り、受講料も徴収します。ただし受講希望者の経済的負担が軽くなるよう、大学側で大部分の費用を負担する場合がほとんどです。

さらに大学によっては、学生のモチベーションアップを図るため、難易度の高い資格に合格した場合は、合格祝い金を渡したり、授業料を一部減免する制度を設けている場合もあります。

具体的な講座内容については、たとえば就職関連であれば、企業に提出する履歴書の書き方から筆記試験対策、面接対策に始まって、業界研究や企業研究、身だしなみからメイクの仕方まで、多岐にわたる就職対策メニューが用意されています。

また資格取得講座であれば、公務員試験から難関国家資格まで、学生に人気のある資格はほとんどメニューのなかに揃えられています。私が知っているなかでは、このような課外講座を延べ70種類も提供している大学があります。

たとえば、東京都内のA私立女子大学のホームページを見ると、以下のような課外講座のコースが用意されています。

秘書検定2級対策講座／日商簿記3級講座／ファイナンシャルプランナー3級対策講座／SPI試験対策講座／地方公務員試験対策講座／就活マナー講座／一般企業面接対策講座／就職対策数理力育成講座／TOEIC600点対策講座／ワード、エクセル、パワーポイント活用講座……。

見事に就職を意識した講座ばかりです。どれも実用的な内容で、アカデミックな要素はあまり入っていません。ほとんどが学者や研究者とは無縁のテーマといってもいいでしょう。指導講師については、ビジネスパーソンを中心とした実務家の独壇場になるはずです。

大学、大学院を経て、社会人を経験せずに大学専任教員になった人は、学術的な研究力には優れていますが、就職活動や資格取得に関して未経験であることがほとんどだからです。実務家にとってチャンスが大きいと申し上げた理由がおわかりいただけるかと思います。

「公開講座」とは、在学生以外の一般の人を対象に行う講座のことで、別名「エクステンション講座」ともよばれています。「開かれた大学の推進」や「地域社会への貢献」といった趣旨から、現在、全国1000を超える大学・短大で実施されており、その数は年間3万講座以上にものぼります。

内容は「英会話」や「営業力」、「保険セールスの仕方」といった実用的なものから、「朗読」や「アロマテラピー」のような趣味系のもの、あるいは「経済学」や「宗教学」といったアカデミックな講座までさまざまです。

受講料は、無料から1回2千円くらいまでと総じて低めで、地域の人が誰でも気軽に参加できるよう配慮されています。

この公開講座についても、学者よりはむしろ実務家のほうが講師に適しているテーマが数多くあります。少なくとも「アロマテラピー」のような趣味系の講座を教えられる学者は、ほとんどいないはずです。

平日夜や土曜日に開講している講座も多いため、本業をもっているビジネスパーソンが、副業として講師をすることは十分可能です。大学登壇を目指すビジネスパーソンにとっては、実現可能性の非常に高いルートといえます。

2 ― 大学が丸ごと講座を外注するケースもある

このタイプBの講座については、多くの場合、担当講師は大学と直接雇用関係を結んでいません。「課外講座」の就職関連講師であれば、たまに講師兼就職相談員として常勤する人がいますが、そういった場合も、臨時的な嘱託職員として雇用されるケースがほとんどです。

「公開講座」についても、一般には「エクステンションセンター」とよばれる大学内では主流ではない部署が管轄しているため、担当講師を直接雇用する権限をもち合わせていません。

そのため多くの大学は、このタイプBの担当講師を、もっぱら外部の提携会社に委託しています。そのほうが圧倒的にコストを抑えられるからです。

世の中には研修会社やセミナー会社をはじめとして、タイプBの講座に講師を派遣できる会社が山ほどあります。そして、こういった会社にとっては、最高学府である大学の仕事を受注し、講師を派遣することは格好の宣伝材料になります。

そのため、大小さまざまな講師派遣会社が、毎日のように大学に営業攻勢をかけてくるそうです。

競合が多くなればなるほど、巻き起こるのが価格競争。こうして多くの大学は、非常に安いコストでこのタイプBの講座を実施することができます。

私が大学関係者から聞いたところによると、たとえば就職関連講座であれば、1回90分の講座を3万円以下で受注する会社があるそうです。そこから資料作成費や講師料を捻出するので、かなりの激安価格といえます。

受注会社が適当な講師を見つけられない場合は、孫請け会社に講師の選定を依頼することもあります。そういった場合であれば、担当講師が受け取る講師料は、おそらく90分5000円～6000円程度まで下がるでしょう。

講師が飽和状態の分野はさらに講師料を買い叩かれます。世の中にもっとも講師人口が多いといわれる、マナー講師やパソコン講師のなかには、孫請け会社から90分4000円台で仕事を請け負っている人もいます。

また「課外講座」に関しては、すべての講座メニューを外部業者に丸ごと外注するケースもよくあります。有名な資格学校と包括提携関係を結んで、学内で行う就職または資格系講座をすべて丸投げしてしまうのです。

そういった場合は、提携先の資格学校が講義に関する全責任をもち、大学側は基本的に講義運営にはほとんどタッチしません。もともと当該資格学校の校舎で行っていた講義を、大学内に場所を変えて実施しているようなイメージです。

当該資格学校が負うのは、もっぱら結果に対する責任のみ。合格目標が達成できれば次年度も継続受注できますし、結果が出せなければ、講座の担当をほかの会社にチェンジされてしまいます。

たとえば、全国展開している大手有名資格学校のホームページを見ると、講座を丸ごと受託している大学の数は全国１７２校に及んでいます。この会社だけで全大学の20％以上の学内講座を請け負っていることになります。

また別の資格学校では、大学内講座だけで４００名を超える専任講師を抱え、丸ごと受注に対応しているといいます。

こういった大学内講座をフルバリエーションで取り揃えられる大手資格学校は、全国に6～7社あります。公務員試験講座や法律系資格講座といった特定分野に特化して講座を実施している会社も含めると、大学内講座を包括的に受注している会社は十数社にものぼります。

学生にとってみれば、壇上に立っているのはどの人も、自分たちに講義をしてくれる「先生」であることに変わりありません。ただ内実は、大学と雇用関係がない外部講師が教壇に立っているケースが非常に増えているのです。

3 講師は外注先が選定するのが基本

タイプBの講座に関してはほとんどが外部委託で、基本的に学校側は講義運営に深くかかわることはありません。

担当講師についても、受注会社が選定し事後承諾で大学に伝えるのが基本です。よっぽど実力が疑わしい、あるいは過去に大きなトラブルを起こしているような人でないかぎりは、大学側が拒否することはないはずです。「課外講座」は就職率や合格率を上げるのが目的で、「公開講座」は受講者満足度を高めることが目的です。大学としては、「講義を予定どおり実施し、目的をしっかり達成」してくれさえすればいいのです。

もっとも受注会社のほうは、「一度でも変な講師を派遣すれば、すぐに大学からの信用を失ってしまう」ことを、経験上わかっています。そのため講師選びにはとても慎重になります。

先日もある会合で、大学に講師を派遣している会社の担当者が「講師がきちんと講義を全うし、学生からの評判も良かったという報告を受けたときは、脱力するくらいホッとする」という話をしていました。それくらい一度の講師選定ミスが、継続受注を得るうえで致命傷になる危険性があるのです。

受注会社が講師を選定する際に重視するポイントは、「専門性」と「講義実績」の二点です。

「専門性」というのは、その講座を担当できるバックボーンがあるということ。具体的には、資格対策講座であれば、当該資格を取得しているのはもちろんですが、加えて、その分野やテーマに関する実務経験があるほうが有利になるでしょう。実務経験に基づいたネタをもっている講師のほうが、学生が興味をひくような講義ができると思われるのは当然です。

「講義実績」というのは、文字どおり、過去にどれくらいの登壇経験があるかということです。大学や専門学校で講義をした経験があるのが理想ですが、セミナーや研修での講師経験も、ある程度は実績としてカウントされます。要は、受講者をうまくマネジメントできる講師力をもっているかどうかが重要なのです。

私自身の経験をもとに申し上げると、当該講座とまったく同じ内容の講義を、過去にどこかで5回以上行った実績があれば、採用率は大幅にアップします。また当該講座以外であっても、過去にほかの大学で講義をした経験があるというだけで、かなり有利になります。

どの世界でも同じだと思いますが、採用に際しては、未経験者がもっともハードルが高く、経験回数が増えれば増えるほど、採用される可能性は上がるのです。登壇をお考えのみなさんも、実績づくりのために、どんな小さなセミナーでもいいので、講義経験を積むことをお勧めします。

そのほかに、講師の「社会性」や「人間性」も重要です。約束の時間に平気で遅刻する。差別的な発言を繰り返す。このような人は、その時点で不採用になるでしょう。またセクハラをする可能性があると思われた場合も、間違いなくアウトです。こういったタイプの講師は、講義を任せるにはあまりにも危なっかしいため、どんなに専門性が高くて講義実績があったとしても、依頼されることはありません。

あと心がけとして重要なことは、講師たるもの絶対講義に穴を空けてはいけません。仮に家族に不幸があったとしても、代わりの講師が見つからなければ休むことはできません。体調不良で休講するなどもってのほかです。

知り合いの講師派遣会社社長は、「1回講義に穴を空けたら、確実に依頼を減らす。もし2回講義に穴を空けたら、もう二度とその講師とは仕事をしない」と言っていました。

プロである以上は当然です。過去に講義に穴を空けた事実が発覚すれば、それだけで「講師基礎力」が欠けていると思われ、不採用となる可能性が高いでしょう。

4 紹介があればすぐに決まるケースが多い

このタイプBの講師として採用されるためにもっとも有効な方法は、タイプA

と同様、〝コネ〟や〝紹介〟を利用することです。信頼できる関係者からの紹介一つで、即採用が決まるケースはザラにあります。

そのため講師を探している場合に真っ先に声をかけてもらえるよう、普段から有力者とのコネクションを築いておくことが大切です。

ではなぜ、それほどまでに〝紹介〟が有効なのか？　そこには明白な理由があります。ここではその理由について説明していきます。

そもそも講師の力量を、履歴書や短時間の面接だけで正しく判断するのは至難の業です。特定の専門分野に関する知識を「理解する能力」と、その知識を人に「教える能力」はまったく別物だからです。どんなに深い専門知識をもっていたとしても、それをうまく伝えられない人はたくさんいます。

プロスポーツにおいて、「名選手、名監督にあらず」といわれる事象とよく似ている気がします。超難関資格に一発合格していて、面接でその資格に関する知識をよどみなく解説できたとしても、必ずしもそれを大勢の前でうまく教えられるとはかぎりません。

また教えるのがうまい講師であったとしても、学生とうまくコミュニケーションをとれるかどうかはわかりません。居丈高だったり、クセが強すぎたりして、学生から嫌われる講師はたくさんいます。

第6章でも詳しく述べるとおり、学生（特に女子学生）相手の講義の場合、講師は嫌われたら「終わり」です。どんなにためになる話だったとしても、学生は嫌いな講師の話に集中して耳を傾けることはありません。このような学生との「相性」についても、短時間の面接で見抜くのはなかなか難しいものです。

さらに、どんなに教え方がうまくて、コミュニケーション能力の高い講師だったとしても、派遣先の大学と頻繁にトラブルを起こすようでは使いものになりません。

何度も講義に遅刻したり、学生にセクハラまがいの行為をするような社会性の欠如した講師は少なからず存在します。社会人としての最低限のモラルやルールを守れる人かどうかということについても、面接で判断するのは難しいでしょう。

この点、信頼できる人からの紹介であれば、こういった懸念は払拭できます。紹介者に確認すれば、前述の点は正しく知ることが可能になるからです。紹介する側は、自分の信用がかかっているため、問題がありそうな人は絶対に紹介しません。一方で紹介される側も、紹介者の顔をつぶさないよう襟を正して講義を受けもつはずです。

つまり採用する側にとって紹介というのは、講師の力量を正しく判断し、かつ採用の手間や時間を省くうえでもっとも合理的な手段なのです。

そのため受注会社は、欠員が出た場合にはまず、「良い講師はいないですか？」と関係者にかたっぱしから訊いて回るのが通例となっています。

そして紹介の場合は、通常の採用ステップが大幅に省略される場合がほとんどです。以前、私が知人の口利きでタイプBの講座を担当したときは、書類審査も面接もいっさいありませんでした。

それどころか、採用が決定した後に履歴書を提出し、第一回目の講義日に初めて担当者と顔を合わせたくらいです。その知人が私を紹介した時点で、私の採用は決定したそうです。

もちろんこんなケースはまれですが、紹介者が厚く信用されている場合であればあるほど、細かな段取りや手続きが減る場合が多いことは確かです。

ではどうすれば、あなたが紹介される立場になれるのか？　この点に関して、次節以降でいくつか具体的な方法をお話しします。

5 ― 実現の近道❶ 資格学校や教育関連会社の講師募集に応募する

それではここからは、あなたがタイプBの講師になるための具体的なアプローチ法を紹介します。

一つめの方法としては、**「大学に講師を派遣している会社の講師募集に応募する」ことがあげられます**。これが一番スタンダードで、正攻法のやり方です。先ほど講師の採用には「紹介」が有効であると述べましたが、当然のことながら、受注会社がすべての講座について、人づての紹介で講師をまかなえるわけがありません。多くの受注会社は、定期的に大学派遣用の講師を募集しています。

このような会社の多くは、書類審査と面接（場合によっては模擬講義）によって採否を判断し、採用を決めた講師と業務委託契約を結びます。そして講座を受注するたびに、契約を交わした講師のなかから最適任の人にオファーを出す形式をとっています。

【随時募集】ＳＰＩ試験対策担当講師〔関東地方〕

大学、短大での就職筆記試験対策、基礎学力講座の講師を募集します。ご活躍の場が多数あります

【内　容】 関東の大学、短大で、SPI試験対策講座の講師をしていただきます

【勤務地】 東京、神奈川、埼玉、千葉の大学

【勤務日】 案件により異なる

【雇用形態】 業務委託契約（一年ごとに更新）

【応募資格】 ・3年以上の講師経験がある方
・学生とうまくコミュニケーションがとれる方
・過去にSPI試験対策を教えた経験があれば尚可

【報　酬】 時間給3500円（交通費別途支給）

【お問合せ】 ○○○株式会社　採用担当○○
TEL 03-0000-0000

【図5】転職情報サイト（イメージ）

オファーの頻度については、講師によって、あるいは講義テーマによって異なりますが、人気講師であれば、年間50講座以上もタイプBの講座を依頼されることがあります。

大学講座を受注している会社は、数多くあり、その正確な数はよくわかりません。ただ大手資格学校や教育関連大企業の受注実績が多いことは確かで、実質的には寡占状態になっているといわれます。

具体的な企業名を知りたい方は、インターネットで、「資格学校」もしくは「教育会社」「教育業界」

と入力して検索をかけてみてください。上位に表示される企業名がまさに、大学講師派遣の代表的な会社です。

こういった会社のホームページには、定期的に講師採用情報が掲載されます。ご自身の専門分野の募集があれば、積極的に応募することが大学登壇を実現する第一歩になります。

このほかに転職情報サイト（【図5】参照）や、大手新聞の求人広告（【図6】参照）にも、新たな講師求人情報が頻繁に掲載されます。普段からこまめにチェックすることが重要です。

なお講師の報酬や待遇は会社ごとに違います。「社内規定による」という文言を使って、募集の段階では待遇を曖昧な表現にしている求人も多くみられます。

確かなのは、どの会社でも過去に講師経験があればあるほど待遇が良くなるということです。そしてマナー系やパソコン系といった講師が飽和状態にある分野については、全般的に報酬は低く抑えられる傾向にあります。

あくまで目安ですが、最初の設定は90分6000円〜7000円くらいの契約が多いと思います。この範囲のなかで、経験の有無や講義内容によって初期設

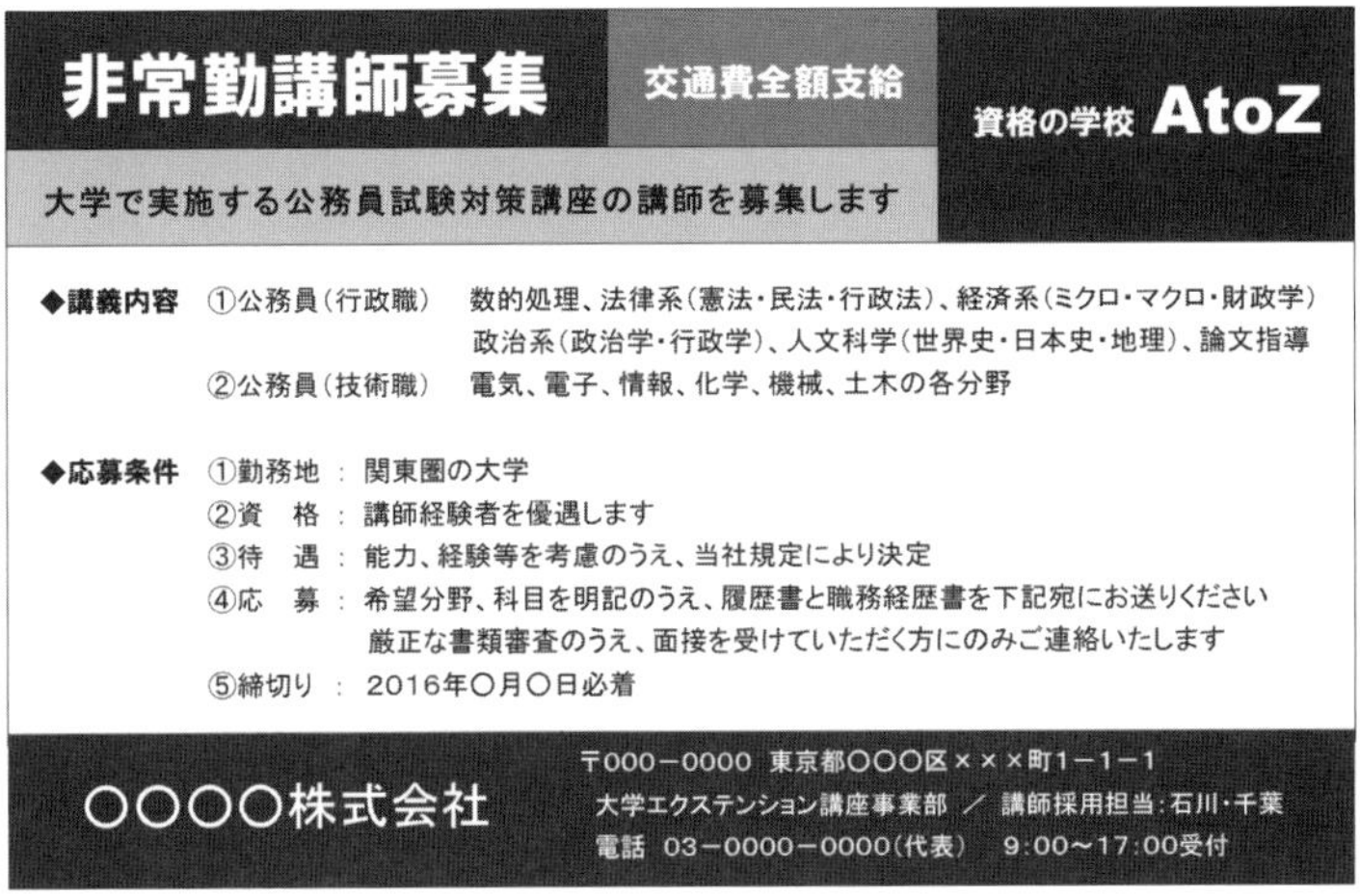

非常勤講師募集　交通費全額支給　資格の学校 **AtoZ**

大学で実施する公務員試験対策講座の講師を募集します

◆**講義内容**　①公務員（行政職）　数的処理、法律系（憲法・民法・行政法）、経済系（ミクロ・マクロ・財政学）
政治系（政治学・行政学）、人文科学（世界史・日本史・地理）、論文指導
②公務員（技術職）　電気、電子、情報、化学、機械、土木の各分野

◆**応募条件**　①勤務地：関東圏の大学
②資　格：講師経験者を優遇します
③待　遇：能力、経験等を考慮のうえ、当社規定により決定
④応　募：希望分野、科目を明記のうえ、履歴書と職務経歴書を下記宛にお送りください
厳正な書類審査のうえ、面接を受けていただく方にのみご連絡いたします
⑤締切り：2016年〇月〇日必着

〇〇〇〇株式会社
〒000－0000　東京都〇〇〇区×××町1－1－1
大学エクステンション講座事業部　／　講師採用担当：石川・千葉
電話　03－0000－0000（代表）　9:00～17:00受付

【図6】大手新聞求人広告（イメージ）

定金額を決められます。

ある程度の実績を積めば、報酬は上がります。そして、ひっきりなしにリピートオファーが来るくらいの人気講師になれば、立場が逆転して、講師派遣会社のほうから揉み手ですり寄ってくるようになるでしょう。たとえ最初の設定金額が低くても、人気講師になって、金額をどんどん引き上げていけばいいのです。私の知り合いのなかには、独自の講義スタイルが人気となり、わずか2年で、報酬が最初の設定の2倍になった講師がいます。

また、複数の会社に応募して同時契約することも原則として問題ありません。たまに他社と契約している講師の応募を認めない会社がありますが、そのような度量の狭い会社には、最初から応募しないほうがいいと思います。このような会社と契約していた知り合いは、講義中の服装や言葉づかい、使用資料などに堅苦しい決まりごとやＮＧ項目がたくさんあって、講義が非常にやりづらかったそうです。

後になって何でもかんでも手足を縛られることのないよう、応募する会社の体質を、面談時によく確認したほうがいいでしょう。

6 実現の近道❷ すでに登壇している講師と関係を構築する

アプローチ法の二つめは「**すでに登壇している講師と関係を構築する**」ことです。有効なコネを得て紹介を受ける立場になるためには、一番手っ取り早い方法だと思います。ではなぜ、すでに大学で登壇している講師と関係を築くことが重要なのか。それには以下のような理由があります。

まず、すでに登壇している講師と強固な関係を築くことができれば、その講師から大学登壇に有益な情報を得られます。登壇のためにどのようなプロセスを踏めばいいのか、どんな事前準備やインプットが必要になるかといったような、リアルで実効性の高い情報を収集することができます。

そして場合によっては、一般には公開されていない求人情報を、こっそり教えてくれる可能性もあるかもしれません。

また講師が属する講師派遣会社に口利きをしてもらえるチャンスも十分にありえます。

講師歴が長く、業界内で顔が広いことで知られているような人であれば、新たな分野の講師を探しているときや、講師の欠員が出た際に、「だれか良い人いないですか？」と、講師派遣会社から尋ねられることがよくあるものです。

仮にその講師が不測の事態で講義を休まなければならないときは、ピンチヒッターを依頼される可能性もあります。「講義は原則、休んではいけない。どうしても休まなければならない場合は、代わりの講師を自分で探す」というのが、この業界の暗黙のルールです。

そのため、緊急事態の際にピンチヒッターを頼まれるケースは十分にあります。そして、たとえピンチヒッターでも、大学で登壇できればそれが「実績」としてカウントされ、少なくとも次からは「未経験者」ではなくなります。

一度でも講義実績をつくれば、講師募集の採用確率がアップすることは前述のとおりです。そのため、このアプローチ法を実践する場合は、まずは自分と専門の近い講師との関係構築を優先したほうがいいでしょう。

ではどうやって、すでに登壇している講師にアプローチすればいいでしょうか？

まずターゲットにしている講師が、公開講座やセミナーで講師をしている場合は、その講義を受講するのは鉄則です。自分の講義に何度も足を運んでくれる受講者を嫌う講師はいません。自分がいつか大学で登壇したいと思っていることを伝えておけば、何かしらの便宜を図ってもらえる可能性はあるでしょう。

ターゲットの講師が士業やコンサルタントであれば、当該士業の協会（日本公認会計士協会、東京税理士会、全国社会保険労務士会連合会など）が開催するイベントやシンポジウム、勉強会に参加して、積極的に顔つなぎをすることも有効です。

こういったオフィシャルな会合で知り合った関係というのは、なかなかすぐには打ち解けづらいもの。ただ一方で、いったん関係が深まると、仕事の話につながっていく可能性は高いものです。

とにかく足しげくこういった会合に参加し、参加者と広くコミュニケーションをとることが重要です。

裏ワザ的な人脈作りですが、「講師塾」や「教師塾」といった呼称のつく私塾に参加するのも一つの方法です。

これは、講師力を上げるための研修や勉強会を行っている有料のコミュニティですが、これから大学講師を目指す人はもちろん、すでに登壇経験のある人も会に参加している場合があります。こういったコミュニティに参加することによって、大学講師との人脈が築ける可能性は十分にあります。

7 実現の近道❸ 大学以外で学生相手の講義実績を積む

三つめのアプローチ方法は、「**大学以外で学生相手の講義実績を積む**」ことです。

タイプＢの講師を選定する際は、主に「専門性」と「講義実績」が重視されると述べましたが、「講義実績」については、学生相手の講義経験があったほうが有利になります。

その理由としては、タイプＢの講座は、受講者が学生であるケースが圧倒的に多いことがあります。加えて、学生相手の講義はマネジメントが難しく、高い講師力が要求されることも、もう一つの理由としてあげられます。

一般に学生は大人と比べて集中力がありません。おもしろくない話が３分くらい続けば、確実に集中力を失い始めます。そのため講師としては、講義のなかで彼らを飽きさせない工夫をしなければなりません。どのような工夫をすればいいかについては、第６章で詳しくその方法をお話しします。

いずれにしろ学生相手の講義は、本題の説明をする以外にクラスマネジメントにエネルギーを注がなければならないため、難易度が高いのです。

90分間話すトレーニングを積むうえでも、こういった機会をつくることは重要です。初めて人前で講義をする人の多くが「とにかく90分は長い」という感想をもちます。経験の乏しい講師は、間をもたせられずに講義を終わらせてしまいます。考えていた以上に早口になり、話が早く終わり、時間が余ってしまうのです。

大学以外の場所で学生相手の講義実績を積むことは、学生の特性や時間感覚を認識するうえでも、きわめて有益といえます。ではどうやって、あなたが学生相手に講義をする機会をつくることができるのか？　以下でいくつかの方法を紹介していきます。


まず専門学校や資格の学校で講義をするというのがベストで、何よりも望ましいでしょう。一般に大学と専門学校の登壇では、後者のほうがハードルは低いです。そのため最初に専門学校で実績を積んだ後に、大学での登壇にチャレンジするのは現実的なやり方です。

ちなみに私自身もサラリーマンを辞めた後は、まず専門学校の講師で実績を積み、その後でタイプB、タイプAとフィールドを広げていきました。

また、すでに登壇している講師に頼んで、ゲスト講師として話をさせてもらうというのも有効な方法です。まず大学で登壇している現役講師とのコネクションをつくる必要がありますが、お願いすれば比較的簡単に承諾してくれる可能性があります。

授業内容によっては、90分の講義の途中でほかの講師に話してもらうコーナーをつくることは可能です。そのコーナーであなたが話をすれば、それが立派な登壇実績になります。受講者にとっても、集中力が切れてくる時間帯で話をする先生が変わるのは、目先が変わってよい目覚ましになるはずです。

ゲストとして呼ばれるためには、講義のメインテーマと関連のある話ができること、事前に主催者から了解をもらうことが前提となります。

受講者が、「突然、よくわからない人が出てきて、本題と関係のない話を聴かされた」という感想をもてば確実にクレームになります。主催者によっては、そういったリスクを懸念して、最初からゲスト講師の登壇をＮＧとしている場合もあります。そのあたりの段取りや根回しを、担当講師に事前にやってもらう必要があります。

この章のまとめ

- 「課外講座」や「公開講座」は、実務家講師にしか教えられないテーマが多い
- 「課外講座」は、大学が運営にタッチせず、外部業者に丸投げすることも多い
- 担当講師は、大学側ではなく、外部業者が選定するのが基本である
- 講師を採用する側にとって、紹介を受けるのがもっとも合理的な方法といえる
- まず資格学校や教育関連会社の講師募集に応募するのが、正攻法のやり方である
- すでに登壇している講師と関係を構築すれば、有効なコネが得られる
- 学生相手の講義実績は重要。学生の前で話す機会を積極的につくるべき

コラム❹

大学で登壇すると決める。そして登壇すると言いつづける。

あなたは「カラーバス効果」をご存知ですか?

心理学用語の一つで直訳すると「色を浴びる」。赤を意識すると赤色のモノに気がつき、青なら青色のモノに気がつく現象です。つまり意識すると、その関連する情報が自分のところに舞い込んでくることをいいます。

よく聞く話では「BMWを買おう」と思った瞬間から、以前よりもBMWが走っているのを見かけるようになる。特に販売台数もこの地域で流行っているわけでもないのに、急にBMWが増えたと感じるのです。

私も「税理士になる」と決めた瞬間から、よく通る道や通勤途中に会計事務所を見かけるようになりました。そのほかレンタルショップの2階、友人のマンションの5階、薬局の並び……、意外とたくさんあることに気がつきました。

「いつの間に開業したんだろう」と思いましたが、以前からあったのです。存在しているのに、自分が意識していないので視界に入らなかっただけなのです。

そして「税理士になる」と決めた瞬間から、どうすれば税理士になれるかを調べるようになります。

資格取得の方法には、独学と通信と通学がある。難関試験だから通学が一番の近道。通学なら伝統と実績のある専門学校で学ぼう。この専門学校の講義日程は火曜日の夜だから、その日は残業しないように……。決めた瞬間から動きだす。受かるための準備を始めるのです。

あなたも「大学で登壇する」と決めてください。決めた瞬間から、大学のホームページや雑誌などで講師募集の案内を見かけるようになります。どうやったら登壇できるかを調べるようになります。そうです。あなたは、いままさに、この本を手に取って読んでいますよね。

実学を極めれば登壇できる可能性があることを知りました。自分の強み、弱みは何だろう。自分は何の分野で登壇できるのか。コンテンツはあるけど話すのにまだ自信がないから話し方の学校に行こう。大学で登壇している友人がいるから話を聞いてこよう。

決めた瞬間から登壇する準備を始めるのです。

そして「大学で登壇したい」と言いつづけてください。

言いつづければ、講師を必要としている学校や、その関係者の耳に入るかもしれません。どれだけ熱いテレパシーを送りつづけても、口に出して言いつづけなければ届きません。

私が大学で登壇できたのは言いつづけたからです。デビュー当時は、メールやツイッターなどのSNSが、まだ普及していない時代でした。「登壇したい」とつぶやくこともできません。

大学の講師陣や受講生仲間に、ことあるごとに「登壇したい」と言いつづけました。すると講師になる要件や、○○校で募集しているなどの情報が入ってきたのです。ある学校で急に退職する講師がいて、真っ先に声が掛かったのが私でした。通常は一般に募集をかけて応募者のなかから選ぶのですが、このときは、すぐに私が講師になることが決まりました。

幸運な面もあるかもしれませんが、これだけはいえます。
登壇すると決め、言いつづけたからこそ、いま、登壇できているんです。

石川和男

第5章

大学以外の高等教育機関講師の道

［タイプC］「専門学校」非常勤講師ルート

1 求められるのは学生の「就職力」を上げられる講師

前章までビジネスパーソンが大学で登壇する方法を紹介してきましたが、大学以外にも高等教育機関の講師として登壇する道があります。

その舞台は全国に2823校ある専門学校です。「教育機関で一度でもいいから登壇したい」「登壇のチャンスがほしい」と考えている実務家講師にとって、一番チャンスが大きなルートといえます。

そこでここからは、ビジネスパーソンが専門学校で登壇する方法について、具体的に説明していきます。

専門学校が大学と大きく違うのは、職業人を育成するための実践教育を重視するという点です。そのため授業カリキュラムは、講義が5割、実習が4割、企業内研修（インターンシップなど）が1割程度となっています。

講義内容のメインは、就職対策のための資格講座。言い換えれば、専門学校は学生に対してできるだけ多くの職業教育を提供し、難易度の高い資格を取らせることを目指しているともいえます。

現在の高等教育機関のこだわりは、一にも二にも「就職」。なかでも専門学校は、大学以上にこの傾向が強いといえます。昨今の大学、短大は、どんどん「実務寄り」の傾向が強まり、専門学校との区別がつかなくなりつつあります。そのため、大学を上回る就職実績を出さなければ、専門学校はその存在意義を失い、確実に学生を大学に取られてしまうのです。

こういった側面から、**専門学校では、圧倒的に就職する力を鍛えられる講師が求められています**。たとえば、就職活動の実践的なアドバイスができる講師、難関資格に合格させる力のある講師、特定分野の実務経験が豊富な講師などが求められています。

就職先の具体的なコネクションがあれば、さらに理想的でしょう。毎年確実に学生の就職口を確保してくれる人は、学校にとっては何よりありがたく、貴重な存在になります。

以前、専門学校で一緒だった50代の非常勤講師の話をします。その講師は、いつも学生からの授業評価が最悪で、その「悪評」は文字どおり学校中に知れわたっていました。受講した学生の話を聞くと、とにかく授業が退屈で、教え方もひどかったようです。

それにもかかわらず、長年にわたり、その講師が学校からクビを切られることも、授業数を減らされることもありませんでした。その状況をよく把握していた非常勤講師たちは、みな一様に理由がわからず、「学内の七不思議」といって陰で噂をしあっていました。

後になってわかったのは、その講師は中堅企業と太いパイプがあり、毎年、少なくとも3名の学生を確実に入社させる力をもっているということでした。

専門学校としては、学生を就職させるのが至上命題です。そのため学校にとっては、良い授業をするよりも、就職させる力をもっている講師のほうが重要と考えるケースもあるのです。

改めて、専門学校の講師として採用されるための要件をあげると「専門性」と「実務実績」の二点です。

このうち「専門性」とは、タイプBの講師要件とまったく同じです。その講座を担当できるバックボーンがあるということで、資格対策講座なら当該資格を取得しているのが大前提ですが、加えて高い合格率を上げる指導力も求められます。

また「実務実績」というのは、社会経験があるだけではなく、その実務実績をベースに、就職に有利になるような知識や情報を、学生に伝えられる力が必要となるでしょう。

専門学校は、何においても「就職」が第一です。そのためアカデミックな知識だけでは不十分で、学生の就職力を上げられる実務家講師が強く求められているのです。

2 学術にはなじまない実学重視のカリキュラム

大学も専門学校も、専門的な教育を提供するという点においては同じです。ただ専門学校の教育は、実務の現場で必要とされる実践力を重視する点で、大学とは異なります。

大学が教養教育によって「幅広い知識をもった人材を育成する」ことを掲げて

いるのに対し、専門学校は実務と関連した教育によって、即戦力の社会人を育成することを目指しています。そのため専門学校のカリキュラムは、仕事と密接にリンクした内容になっています。

私が非常勤講師を務めるビジネス系の専門学校には、「鉄道学科」という2年間のコースがあります。鉄道会社に入って運転士や駅務員になることを目指すコースで、「国内旅行業務取扱管理者」や「運行管理者」といった国家資格の講義を受講しながら、運転実習や接客の実務講義を受ける鉄道漬けのカリキュラムになっています。

鉄道会社にとっては、入社後に実施すべき実務研修を、学生時代に行ってもらえるという利点もあり、毎年この学科から多くの学生を採用しています。現在、鉄道関連コースのある専門学校は、全国で27校にのぼります。

このような学科で行う勉強には、あまりアカデミックな要素は必要とされません。仕事の現場で要求されるさまざまな実践スキルを、具体的な場面に落とし込んで学んでいくのが授業のエッセンスになっています。そのため講師は学術の世界の住人では務まらず、鉄道業界OB・OGを中心とした実務家が担当しています。

また、この専門学校には、「ペット学科」というコースもあります。これはペットトリマーや動物看護師を目指す人のためのコースで、学校内で数十匹の犬や猫を実際に飼いながら、動物を世話するために必要な知識やスキルを学ぶ講義がカリキュラムの中心です。

このコースの学生は、ひたすらペットと共に生活する日々を送ります。この学科も、当然のことながら、講師はすべてペット業界に深く携わってきた実務家が担当しています。

そして専門学校の「実務主義」をさらに加速しそうな制度が、2014年からスタートしました。企業と密接に連携して、実践的な職業教育に取り組んでいる専門学校の学科を、文部科学大臣が「職業実践専門課程」として認定する制度です。

開始2年間で、すでに全国800校近い専門学校がこの制度の認定を受けました。この新たな制度の特徴をひと言でいうと、企業と密接に連携している専門学校に高い評価が与えられるようになったということです。

企業と連携して演習、実習の授業を行っている専門学校に対して、国が「この専門学校に入れば、実践的な教育が受けられる」というお墨つきを与えるようになったのです。

見方を変えれば、専門学校は、社会に出て即戦力として活躍できる人材を育成するため、これまで以上に実践的で具体的な実務教育を提供しなければならなくなったといえます。

そしてこの新制度によって、企業派遣の講師が教壇に立つケースがさらに増えると予想されています。これから専門学校が理論よりも実践的な教育を提供する場に変わっていくのは間違いありません。

以上述べてきたように、専門学校のカリキュラムというのは、とにかく実学が重視されています。それは前述のとおり、「学生を就職させること」が専門学校の至上命題だからです。

このタイプCは、まさに実務家講師の独壇場といえます。極言すれば、「講師には実務家が求められている」という表現は必ずしも正確でなく、「専門学校講師は実務家にしか務まらない」とさえいえるのです。

3 講師の採用は公募と紹介が半々くらい

タイプCの講師採用は、タイプA、Bと同様の理由から、「コネ」や「紹介」が非常に有効です。

もっとも専門学校に関しては、タイプA、B以上に「紹介」の効果が高く、場合によっては、紹介を受けた候補者が、即決で採用となることも珍しくありません。その背景には、以下のような専門学校特有の理由があります。

一つめの理由として、専門学校は常に実務の世界とのつながりを求めていることがあげられます。積極的に企業と連携した授業をつくり、そういった企業とのつながりから、学生の就職先を少しでも多く確保したいという目論見をもっています。

そのため信頼できる関係者から「○○業界で活躍していた優秀な講師を紹介したい」と打診されれば、渡りに船とばかりに、二つ返事でOKを出すことも珍しくないのです。

二つめの理由としては、専門学校の採用担当者は「非常に忙しい」という内部事情があります。多くの専門学校は、大学と違い、必ずしも組織内の職務が明確に分担されているわけではありません。事務職員が教員と学生指導員を兼務していることが多く、さらには、新任講師の採用業務を行っているケースもあります。

つまり採用担当者は、非常に忙しく、採用にかかる手間をできるだけ省きたいのです。そのため欠員が生じた場合は、毎回身近な関係者に声をかけて、紹介のみで新任講師を決めている採用担当者も少なくありません。


もちろん、紹介だけですべての欠員を補充できるわけはありません。あくまで講師採用のメインは「公募」になります。

具体的には、当該専門学校のホームページで新任講師募集の告知がされますし、各種サイトや大手新聞の求人広告にも、特定の期間に新たな講師求人情報が掲載されます。その具体的な内容については、163ページ以降で詳しく説明していきます。

「公募」の採用プロセスは、書類選考と面接で審査をされるのが一般的です。講師経験の浅い応募者の場合であれば、模擬講義を要求されることもあります。ただ専門学校の公募の場合、大学と比べて応募要件のハードルが高くないこともあって、一般に倍率は相当高くなります。専門分野にもよりますが、定員数若干名の公募に対して、その数百倍の応募があることも珍しくありません。

そのため面接のステップに進めるのは応募者のごく一部です。紹介と比べると、公募の場合は、採用のハードルが上がると考えたほうがいいでしょう。

私自身が専門学校の講師に採用された最初のきっかけは、会社員時代にお世話になった知人からの紹介でした。「ビジネス系の専門学校で、講師の欠員が出たのでやる気はあるか？」といきなり声をかけられたのが、そもそもの始まりです。

その当時は、前職でプレゼンの機会が多かったこともあって、人前で話すことには慣れていたものの、講師経験はゼロ。なぜ私なんかに声をかけてもらえたのか不思議だったのですが、その方には、「人一倍声が大きいので、なんとなく講師向き」と思われていたようです。

ただ講師経験がまったく無かったので、採用プロセスは「フルコース」の要求をされました。それは、書類審査の後、面接を2回受け、メインディッシュに20分間の模擬講義というメニュー。この模擬講義については、わずか20分のために3日間かけてセリフを丸暗記しました。その甲斐あって、なんとか合格となり、その年は1コマだけ授業を担当させてもらうことができました。

2校目からは、このような「フルコース」の採用試験はいっさい経験していません。その後、5校の専門学校で非常勤講師として採用されましたが、すべてが講師仲間からの紹介で、模擬講義はおろか、正式な面接を受けたこともありません。講師として一定の実績を積んだ後は、知人の紹介だけで即採用というケースが続いています。

タイプCの講師採用は公募と紹介が半々くらいです。ただ紹介を受けた場合のほうが、圧倒的に採用の確率が高くなることは間違いありません。このルートを目指される方は、紹介のコネクションを地道に開拓していくのが、登壇の実現性を高める最善の方法といえるでしょう。

4 実現の近道❶ 求人公募をこまめにチェックする

ここからは専門学校の講師になるための具体的なアプローチ法を紹介していきます。まず、公開されている求人公募をこまめにチェックし、積極的に応募するのがもっとも基本的な方法です。

もし目星をつけている学校がすでにあれば、当該専門学校のホームページに、新たな非常勤講師採用情報が掲載されていないか、定期的にチェックすることをお勧めします。

第3章でご紹介したJREC－IN Portal（https://jrecin.jst.go.jp/seek/SeekTop）にも、専門学校の求人情報が掲載されています。

「複数条件」の「機関種別」のなかにある「専門学校（専修学校専門課程）」のボックスをチェックし、〃非常勤講師〃というキーワードを入力して検索をかけると、専門学校非常勤講師の求人情報の一覧が表示されます（【図7】参照）。ぜひ試してみてください。

またリクナビ、マイナビといった転職情報サイトや、大手新聞の求人広告にも、新たな講師求人情報が掲載されることが頻繁にあります。

応募資格の学歴要件には、大卒（学部卒）以上を要求しているケースが多く、案件によっては「修士以上が望ましい」と書かれていることもあります。ただ多くの場合、この要件は必ずしも絶対的なものとはいえず、十分な実務実績さえあれば、最終学歴に関係なく採用されます。専門学校非常勤講師のなかで、修士以上の学位をもっている人は少数派です。記載されている文言を絶対視して、最初から応募をあきらめることだけはやめてください。

専門学校の非常勤講師の報酬基準は、学校ごとにかなりの差があります。ただし講師経験の長い人や、難関の資格講座を担当する人は、報酬の初期設定が若干高くなることは、どの学校でも共通しています。

参考までに講師未経験者が新たに非常勤講師となった場合、報酬の相場は、90分4500円～5500円くらいです。この金額は大学の非常勤講師と比べて2～3割程度低い水準になります。はっきり申し上げると、専門学校で、専任非

【図7】研究者人材データベース（JREC − IN Portal） https://jrecin.jst.go.jp/seek/SeekTop

常勤講師をしている人は、なんとか一人で生活できるくらいの年収にしかなりません。

専門学校の非常勤講師は、大学と比べて年齢要件が緩やかで、60代以上でも、顕著な実務実績があれば採用されるケースは十分にあります。

そういった意味では、これは文字通り、「一生モノの副業」にできる仕事といえます。

余談ですが、先日、ある専門学校の非常勤講師が集まって懇親会を行った際、11名いた参加者の最高齢はなんと74歳でした。46歳の私は、その場の最年少だったため雑務全般をすべて任されてしまいました。

専門学校の専任教員であれば20代、30代はたくさんいますが、非常勤講師になると一気に平均年齢が上がり、40代でも若手の部類に入ってしまうのです。

専門学校の求人情報は、11月〜2月くらいが、もっとも量が多くなります。4月から始まる新年度にむけて、11月〜12月くらいに新任講師の採用活動を行い、1月〜2月は、出来の悪い講師の後任を採用したり、突発的な退職者の補充活動を行うのが一般的です。とりわけこの時期の求人情報は、こまめにチェックしたほうがいいでしょう。

5 実現の近道❷ 実績のある講師派遣会社に登録する

二つめのアプローチ法としては、「専門学校に講師を派遣した実績のある会社に登録する」ことがあげられます。具体的には、**資格学校や教育関連会社の講師採用情報への応募が、その第一歩となります**。

応募後の一般的なプロセスは、書類審査と面接で採否を判断され、場合によっては模擬講義もあります。採用となった場合は、当該会社と業務委託契約を結ぶというのは前述のとおりです。

複数の会社に応募して同時契約することも問題ありませんので、ホームページや各種サイトで講師募集の情報を見つけた際は、積極的にチャレンジすることをお勧めします。

講師派遣会社に登録する最大のメリットは、学校に対して自分で売り込む必要がなくなる点です。

講師は、相手に物事をわかりやすく伝えるプロですが、自分をアピールするのは苦手という人が多いものです。人並み以上にしゃべりが上手いせいか、「自分はすごい」と言えば言うほど誇大に伝わってしまい、なんとなくウソくさく思われてしまうようです。

私自身も、自分がどれくらい良い講義ができるかを説明するのは、とても苦手です。どんなに難しい内容でも学生にわかりやすく伝える自信はありますが、自分の「すごさ」についてだけは、なかなかうまく語ることができません。

この点、講師派遣会社に登録すれば、学校に対する講師の売り込みは、当該会社の営業担当がすべて代行してくれます。人の売り込みというのは、第三者が客観的にその良さを語ったほうが説得力と信憑性が高まるもの。受注率は、こちらのほうが確実に高くなるはずです。

講師派遣会社のなかには、学校と長い付き合いがあって、その学校の「講師採用枠」をもっているケースがあります。特定分野の講師が辞めた際には、必ず当該会社から新たな講師を派遣するという暗黙のビジネス慣習が学校側と出来上がっているようなケースです。

「御社から派遣される講師であれば、基本的にノーチェックで受け入れる」と、学校から全幅の信頼を受けている会社もあります。

ただ当然のことながら、そういった信頼の高い会社であればあるほど講師のマネジメントには厳しく、学校からの信頼を失わないよう、派遣する講師の選定と管理には細心の注意を払います。

一方、デメリットもあります。講師派遣会社を経由した仕事は、報酬のなかから中間マージンを取られてしまうということです。

会社によっても違いますが、講師料から差し引く中間マージンは、おおよそ30％〜50％程度のケースが多いようです。専門学校の報酬はもともとのベースが低いため、中間マージンを取られてしまうと、手取り分は非常に少なくなってしまいます。

たとえば、同じ専門学校で非常勤講師をしている知り合いの話では、中間マージンの高い会社と契約すると、講師料は90分2400円くらいになってしまうそうです。時給換算すると、わずか1600円。仕事内容の大変さや、予習復習の時間を考えると、なかなかモチベーションが上がらない金額ではありません。

講師派遣会社に登録するアプローチ法には、メリットとデメリットの両面があります。専門学校での登壇を目指される方は、この点を十分認識したうえで判断したほうがいいでしょう。

ただ、大きな夢を実現するうえで、多少のマイナス面は甘受しなければならないものです。本業で経済的な余裕がある方であればぜひ、確度の高いこの方法を選ぶことをお勧めします。

6 実現の近道❸
すでに登壇している講師と関係を構築する

すでに登壇している講師と関係を構築し、「コネ」のルートをつくるというのは非常に有効です。

タイプAでもBでも同様のことを述べましたが、有効なコネを得て、紹介を受ける立場になるためには、これが一番手っ取り早い方法といえます。その学校に関する有益な情報が得られ、場合によっては口利きをしてもらえる可能性もあるため、学校関係者とのネットワークはできるだけ多くもっておくにこしたことはありません。

私自身、ここ数年の新たな非常勤講師の仕事は、すべてその学校で登壇している講師からの紹介によって得ました。講師の仕事を始めて3年目くらいからは、毎年少なくとも1〜2件は、新たな講師案件の打診を受けています。この「紹介ルート」が、もっとも即効性と確実性が高いことは間違いありません。

では、どうやって、すでに登壇している講師にアプローチすればいいのでしょうか？　以下でいくつかの方法をご紹介します。

たとえばビジネス系の専門学校であれば、士業やコンサルタントが非常勤講師をしているケースが多いものです。そこで、142ページでも述べたように、当該士業の協会が開催するイベントやシンポジウム、勉強会に参加して、積極的に顔つなぎをすることは有効です。

もっとも専門学校というのは分野の幅が広いため、非常勤講師の「出身」も、大学講師と比べると多種多様です。特定業界の代表企業から派遣されている講師もいれば、会社経営者や個人事業主が、副業として非常勤講師をしているケースもあります。

そのため、登壇を希望する学校で講師をしている人をピンポイントで探し当てるのは、なかなか難しいものです。ただ、以下のようなアプローチ方法をとれば、比較的確実にコンタクトをとることが可能になります。

それは「ホームページしらみつぶし法」という方法です。

専門学校のホームページには、多くの場合「講師紹介」の欄が設けられています。そこには専任教員だけでなく、非常勤講師の略歴も書かれているケースがあります。学校によっては、講師のブログやホームページとリンクづけしている場合もあり、講師の「人となり」や「キャラクター」がわかるブログを見ることもできます。

そのため、目星をつけている専門学校があれば、ホームページをもとに非常勤講師が発信している情報をこまめにチェックし、当該講師が登壇するセミナーや講演会に参加するというのは一つの有効な方法です。足しげく当該講師のもとに通い、コミュニケーションをとって関係を構築するのです。

そして、自分がその講師と同じ専門学校で登壇したい希望をもっていることを伝えておけば、講師募集に関する情報を教えてもらえたり、場合によっては採用担当者に口利きをしてもらえる可能性もあります。

当該講師のホームページに記載されている連絡先に直接メールを送り、「一度お話を聞かせていただきたいのですが」と伝える方法もあります。私の知り合いのなかにも、こういったメールを受けた講師が何人かいます。

もっとも、見ず知らずの人物から「会いたい」というメールをもらっても、それに応じる人は多くないはずですので、この方法で関係を築ける確率は低いと思います。やはりセミナーや講演会などに参加して直接会うのが一番でしょう。

セミナーや講演会に参加するなら、先方からみてあなたはお客さまになります。そのお客さまであるあなたを、邪険に扱うことはできないからです。

7 実現の近道❹ 講師養成のスクールや私塾に参加する

直接的な効果があるわけではありませんが、**講師を養成するスクールや私塾に参加する**のも一つの方法です。

一般に「講師養成スクール」というのは、講師力を上げるための講座や勉強会を行っている有料のコミュニティで、こういった会には、これから大学や専門学校の講師を目指す人はもちろん、すでに登壇経験のある人が参加していることがあります。このようなスクールに参加して人脈を広げていけば、新たなネットワークを築ける可能性は十分にあります。

現在、講師養成のスクールや私塾というのは全国に多数存在します。ちなみに、検索サイトで「講師　養成　講座」あるいは「講師　養成　スクール」と入力して、検索をかけてみてください。１００を超える団体のホームページや講座案内にヒットします。

内容を見ると、セミナー講師や研修講師を目指すものばかりで、大学や専門学校の講師を目指す人のためのスクールや私塾はほとんどありません。おそらく、そういうニーズが存在することに気付いている人が少ないことと、講師を担当できる人が少ないことがその原因と思われます。

第6章でも詳しく述べますが、学生相手と社会人相手では、教えるポイントや望ましい講義スタイルが違います。そのため、こういったスクールで教わる内容が、必ずしもそのまま学校の授業に当てはまるわけではありません。

ただ、講義の設計方法や基本的なプレゼンテーション技法を学べる点においては、高等教育機関での登壇を目指す人でも、受講する意味はあるでしょう。

そしてなにより、会に参加している人とのつながりができる点が、非常に有益です。こういったスクールでは、専門学校で非常勤講師をしている人がメイン講師を担当しているケースも珍しくありません。

なにを隠そう私自身も、3年前までこういったスクールでも講師をしていました。ちなみに当時の受講生のなかには、その後、私のコネクションで大学、専門学校の非常勤講師になった方が何人かいます。

また、会の「参加者」のほうに高等教育機関の講師が混じっているケースもあります。実は大学や専門学校の講師というのは、講師デビュー前に、教授法のトレーニングをまったく受けずに講義をやり始めた人が大多数です。

そのため、自分のスタイルをチェックしてもらう機会をつくったり、講義内容のブラッシュアップを図ったりする目的で、こういったスクールに参加している現役講師は何人もいます。さらには、学校の講師からセミナー講師や研修講師にフィールドを広げたいと考えている人が参加するケースもあります。

ただ、中身は「玉石混淆」といえます。実績のある講師が担当する内容のしっかりしたものから、少々経歴があやしくて講師力に疑問符がつくような人が担当しているスクールまで、本当にさまざまです。

ホームページを見ただけでは、その真贋を正しく見分けることは難しいですが、私の経験則で申し上げると「誰でもできる」「すぐにできる」といったキャッチコピーを使っている団体は、眉唾と思ったほうがいいでしょう。

いずれにせよ、必ず一度は「無料体験」などで、講師の力量や会の雰囲気を確認してから入会するのが鉄則です。

このアプローチ法については、即効性があるわけでなく、多額のコストもかかるため、無理に試みる必要はありません。ただ、コネクションづくりの足掛かりがつかめない方は、一度こういった会に参加してみると、思ってもみなかった人脈を築ける可能性があります。

この章のまとめ

- **専門学校では、とにかく就職力を上げられる実務家講師が求められている**
- **専門学校の教育は、社会ですぐに役立つ実学が中心となっている**
- **専門学校の講師採用においては、紹介の効果が大学以上に高い**
- **アプローチ法としては求人公募が基本。とにかく積極的に応募することが重要となる**
- **講師派遣会社に登録するのが、もっとも現実的なアプローチ方法である**
- **学校関係者とコネクションをもつため、あらゆる手を尽くしたほうがいい**
- **講師養成スクールや私塾への参加が、コネクションづくりのきっかけとなることもある**

コラム❺

紹介以前に準備が大事！

大学から「登壇してください」と言われる確率。一番高いのは紹介です。

このビジネス書が「サルでもできる～」「秒速で～」「誰でもなれる～」のようなタイトルで「ただ売れればいい」「後のことはどうでもいい」と思って書いていたなら、あなたの耳に心地よい登壇方法を並べた書籍になっていたでしょう。

しかし共著者の千葉先生がそれを許しませんでした。もちろん私もそのようなお気軽本ではなく、事実を曲げない本が書きたかった。そして出版社である左右社さんも「登壇できる真実の選択肢を書いてください」ということで意見が一致していました。

そこで登壇するために導きだされた確率の高い方法。

四年制大学より短大、短大より専門学校。
教授よりヒラの専任講師、ヒラの専任講師より非常勤講師。
専門科目より実学。

つまり専門学校で非常勤講師として実学を教えることが一番登壇できる確率の高い選択肢なのです。この組み合わせなら、かなり高い確率で登壇することが可能です。

正直に言います。大学教授になって四年制大学で教えるのは、かなり厳しいでしょう。そして公募などさまざまな採用方法がありますが、確率が一番高いのが紹介。

「紹介してもらえる人脈なんてない」「ずっとサラリーマンをやってきて、学校関係者の知り合いなんていない」と、現時点で思っているかもしれません。

しかし、人脈はつくるもの。

紹介したいと思われる力がつき、その人脈を本編に書いているように、セミナーや大学院入学などの方法でつくっていけば不可能ではありません。

それよりも重要なのは、紹介というチャンスが訪れたときに、そのチャンスを掴む用意をしておくことです。

私も講師の仕事をするようになって13年目。いまでは紹介する立場になりました。登壇の話だけではなく、いろんな方からさまざまな案件で、専門家を紹介してほしいと頼まれることがあります。

いざ依頼したらどうなるか？

半分以上の人に断られます。

「いまは準備ができていないから無理」
「その分野は専門ではない」
「1級を取らないと2級は教えられない」
「マンツーマンならいいが大勢の前に出ると緊張して教えられない」

結局、紹介以前に準備をしていないのです。チャンスを自分の手で逃しているのです。紹介されない人のなかには、紹介しようと思っても自信なさげにしているので、声をかけられなかっただけの人がいるかもしれません。

いつチャンスが訪れるかわかりません。訪れたチャンスが、次にいつ来るかもわかりません。

代打の切り札は、いつ出番があるかわからないのに、ベンチ裏で何回も素振りをして万全の準備をしています。あなたも、いつでも出られる準備をしておいてください。周到な準備をすれば自信が満ち溢れ、自然と仕事の誘いが舞い込んできます！

石川和男

第6章

現代の大学講師に求められる能力

1 3年以内に3割以上が退場する厳しい世界

セミナーや企業研修をしているプロ講師から、こんな質問をされました。

「大学の非常勤講師になるにはどうしたらいいですか？　私は○○業界のビジネスパーソンに、△△学の高度な理論を解説しているので、学生相手であれば簡単に教えられるのですが……」

こういった考えは、官公庁や有名企業で講義をしているプライドの高い講師にありがちな勘違いです。

批判を恐れずに言うと、「社会人を教えるよりも、学生を教えるほうがずっと難しい」と断言できます。私自身も、学校の授業のほかに、さまざまな業界の企業研修を月に2、3回程度行っていますが、正直、企業研修のほうが「成功率」は格段に高いです。

ビジネスパーソンが講義を受講するときは、講師の知識を吸収したくて、多くの場合はコストをかけて、その場に座っています。また会社の命令で参加している場合は、たとえやる気がなくても、まじめに受講しなければ自分の査定に響くというプレッシャーのなかで、講師の話を聴いています。

このようなビジネスパーソンが相手の場合、講師のミッションは明確です。研修やセミナーの趣旨にそって、**聴き手が知りたい、あるいは知らなければならない知識を、正確かつ適切に伝えることが、講師が注力すべき最重要ポイントになります。**

一方、学生の場合は違います。必ずしも全員が、講師の話を集中して聴こうとするわけではありません。この話は聴く価値がないと判断すれば、その瞬間から講師の話にまったく耳を傾けなくなります。「期末試験で帳尻を合わせれば何とかなるさ」とタカをくって、すぐに居眠りやスマホいじりを始めます。

まったくおもしろくなくても、ためになる知識が一つでも得られればいいと思って、魅力の感じない講師の話に付き合ってくれるほど学生はお人好しではありません。

学生というのは毎日朝から晩まで講義を聴いている、いわば「受講のプロ」。講師を見る目は肥えており、講義が始まるとまず「この話は聴きつづける価値があるかどうか」を判別しようとします。

講師としては、ただ知識を正確に伝えるだけでなく、**自分の話は聴くに値するということを、学生に感じさせなければならないのです**。

前職で役員クラスだった方が講義をするときに陥る傾向として多いのは、学生があまりに自分の話を聴いてくれない状況が耐えられず、講師業に嫌気がさしてしまうケースです。

特に高い役職にあればあるほど、部下が多かった人であればあるほど、この傾向は強くなります。ビジネスの世界で、部下が話を聴いてくれたのは、話を聴かないと評価が悪くなるという恐怖心からにすぎません。こういった方は、学生を前にして、初めてその事実を思い知らされるのです。

昨年、40名の非常勤講師経験者にアンケート調査をしたところ、3人に1人が特定の学校を3年以内に辞めていたことがわかりました。その理由として、「本業が多忙になった」、「もともと短期間しかやるつもりがなかった」といった回答が上位を占めました。

ただ、これにはおそらく、自分のメンツを保つためのウソが多く混じっているはずです。私の知るかぎり、退職者の多くは、講義がうまくいかないことに心が折れて自ら辞めるか、学校からリピートオファーをもらえずに辞めざるをえないかのどちらかのケースにあてはまります。

いずれにしても、講師が退職するのは、ネガティブな理由で退場を余儀なくされているケースがほとんどです。

これまでお話ししてきたとおり、大学や専門学校の非常勤講師になるためのハードル自体は、以前よりも下がってきています。一度だけ教壇に立つくらいだったら、何かの専門家であれば、誰にでもチャンスはあるでしょう。

ただ講師業は、十分な活躍ができなければ、クビを宣告されてしまう厳しい世界でもあります。**大学や専門学校の非常勤講師は、「なること」よりも「続けること」のほうが難しい仕事なのです。**

2 ― 人気講師とダメ講師の決定的な違い

私はこれまで、数多くの講師を見てきました。講師には、多種多様なタイプがいます。講義スタイルや指導方法も人それぞれです。ひたすらテキストを読んで、淡々と講義を進めるタイプ。学生にどんどん発言や質問を促すタイプ。自分の高説や信念をまくしたてるタイプなど、100人いれば100通りのやり方があります。

ただ、一つだけはっきりいえることがあります。それは、「人気のある講師はどこへ行っても人気がある」ということ。一方、ダメ講師は、どこへ行ってもすぐクビになります。

それはもう残酷なくらい明確で、ケースバイケースということがありません。人気講師になるのも、ダメ講師になるのも必然で、なるべくしてそうなったケースがほとんどなのです。

以前、同じ学校で非常勤講師をしていた人の話をします。その講師は授業が終わって職員室に戻ってくると、いつもきまって悪態をついていました。

怒りの矛先は、常に自分の講義を受けていた学生。「私語が多くて、ぜんぜん話を聴かない」「遅刻ばかりして、やる気が感じられない」「何万円もする資料のコピーをゴミ箱に捨てた」といったボヤキや嘆きを、毎回のように言っていました。

このようなタイプの講師がダメ講師の典型といえます。「自分はまったく悪くない、問題はすべて学生にある」という「原因他人説」の考え方をもった人は、講師の仕事には向いていません。

私語が多いのは、講師のクラスマネジメントが悪いからです。遅刻ばかりするのは、授業に魅力がないからです。また、高価な資料をすぐ捨てるのは、その資料に価値があることを十分に理解させていないからです。

教室で起こることは、すべて講師に原因があるのです。その認識がなければ、この仕事を続けていくのは難しいでしょう。

結局その講師は、学生評価アンケートで過去最低の点数をとり、わずか半年でクビになりました。本人は最後まで、自分のどこがダメだったのかわかっていない様子でした。

はた目から見ていた講師陣全員が、最後はなんだかかわいそうな気持ちになりました。この場合、本人はもちろん、学校、学生、ほかの講師、誰ひとり得をしていません。こういうダメ講師を採用すると、みんなに不幸をまき散らすことになります。

では、人気講師とダメ講師の決定的な違いはなんでしょうか？

それは、ひと言でいえば「**学生を知ろうとする意識**」**があるかどうかです。学生が何に関心をもち、どうすれば耳を傾けるようになるかを熟知している人は、必ず人気講師になります**。

学生はある意味、講師にとって「お客さま」です。企業がお客さまに支持される商品やサービスを研究するように、講師も学生に支持されるための講義を研究し、実践しなければならないのです。

これはいわば「講師のマーケティング活動」。このマーケティング活動を講師がどのくらいしているかによって、学生からの支持率は大きく違ってきます。

先ほど紹介したダメ講師は、学生が何を求めているかを考えようとしていませんでした。自分が良いと信じる商品（実際は不良品なのですが）を提供すれば、どんな提供の仕方でも、きっと売れるだろうという間違った思い込みをしています。お客さま（学生）目線には立っていなかった、立とうとしなかったのです。

人気講師は、学生の興味のあることを日夜研究しています。講義中の学生のネガティブな反応について「あくまで自分にすべて原因がある」という前提に立ち、どうすれば改善できるかを常に考えています。講師に鈍感力は必要ありません。常に学生の想いに対し敏感に反応しなければならないのです。

学生満足度の高い講義を実現することは、講師の責務。そのためには、講師はすぐれたマーケッターでなければならないのです。

3 — 現代の学生はウルトラマン

「ウルトラマンのエネルギーは、地球上では3分間しかもたない。エネルギーが少なくなると、カラータイマーが赤に変わる。そしてカラータイマーの光が消えたとき、ウルトラマンは二度と立ち上がる力を失ってしまうのだ」。これは、「帰ってきたウルトラマン」の劇中で実際に流れたナレーションです。

最近、テレビでこのナレーションを聴いたとき、私は「これは現代の学生と同じだな」と思いました。学校の講義でも、3分くらい経つと明らかに集中力が切れたような表情の学生が出始めます。

そもそも人間の集中力は20分が限界といわれています。どんなに関心のあるテーマでも、20分くらい経過すると、誰でも「飽き」を感じだします。人間は本来、それほど長く集中力が続かない生き物なのです。ただ現代の学生に関していえば、この平均よりもさらに集中力が続かない気がします。

もっとも、これはあくまで、「彼らにとって興味のない、あるいはおもしろみのない話をした場合」というのが前提です。講師の話に興味をもてば、彼らのカラータイマーの設定時間は延長されていきます。

ただ一度集中力が切れて心が離れてしまうと、そこから復活させるのは大変です。講師としては、なんとか集中力を切らさないよう、学生の目を覚ますための工夫をしつづける必要があります。

「聴きたくないヤツは聴かなくてもいい。そのかわり聴いていないヤツには単位を与えない！」と突き放すのも一つの方法かもしれません。実際に、そうしている講師は何人もいます。

ただ現在は、ほとんどの大学が、学生からの授業評価アンケートをとるようになっています。そのような対応をしていれば、あとで必ず自分の評価に跳ね返ってきます。学生に迎合する必要はありませんが、少なくとも学生満足度を高める努力はしなければなりません。

学生の集中力を持続させるために、私が普段から心がけている方法を紹介します。それは**講義内容に、聴き手にとって「既知の内容」を多く取り入れることです**。人はもっぱら「自分なりに消化できた情報」だけに耳を傾けるものです。そのため話の構成を考えるときは、聴き手にとって「未知の内容」よりも、聴いたことのある「既知の内容」の割合を多くすべきなのです。私の経験では、未知の話が講義の半分以上を占めると、「難しかった」という感想が一気に増えてきます。

特に学習能力や学習意欲の低い学生が多い講義の場合には「既知の内容」を増やす必要があります。現代の学生に対して、消化できない未知の話をしつづければ、彼らの集中力は、すぐに切れてしまいます。

専門科目などで、内容的にどうしても未知の話をせざるをえない場合でも、関連する雑学や経験談、実例といった、学生が共感できる話題を織り交ぜ、彼らの「未知感」を軽減してあげるのです。

ただ「既知の話」をする前提として、学生にとってどこまでが「既知」で、どこからが「未知」か、ということを事前に把握しておく必要があります。

年配の講師によくあるケースに、自分では常識と思っている内容が、学生にとってはまったく常識でなかったり、古い話だったりすることがあります。学生と年齢が離れすぎて、共通認識と思っている情報が、実はそうではないことに気づいていないのです。

60代男性講師の講義を聴講したときの話です。その方は「美人」の象徴として、松坂慶子さんの名前を何度も口に出していました。その講師にとって、絶世の美女といえば、いまでも松坂慶子さんなのでしょう。

学生は、まったくピンときていない様子で、終始シーンと静まり返っていました。真夏の教室が、かなり冷え込むような寒々とした雰囲気でした。

どんなに重要で素晴らしい話をしても、聴き手が集中力を失い、途中から聴く耳をもたなくなるようであれば、意味がありません。講師は、その重要で素晴らしい話をする際に、学生の集中力が持続するよう話の構成を工夫するべきです。そのためには普段から、聴き手である学生のことを、よく分析しておく必要があります。

4 講義に必要な三つの要素

現代のウルトラマン学生にも、集中力を90分間持続させるテッパンの方法があります。それは、**講義のなかに「驚き」「感動」「笑い」の要素を入れること**。いずれも、人間の基本感情から発せられるリアクションです。

「驚き」「感動」「笑い」の三つの要素は、聴き手の心が揺さぶられた状態にならなければ起きません。そのため、これらの要素が講義のなかに織り交ぜられていれば、学生の集中力は確実に持続するのです。

「驚き」によって、人は知的好奇心をかきたてられます。ビックリした経験をとおして、自分が無知であることに気づき、「もっと知りたい欲求」に火がつきます。「驚き」というのは、ある意味、あらゆる学問の出発点といえます。また、学習効果を考えても、驚く話がもっとも長期記憶に残りやすいといわれています。私自身も、自分が大学時代に授業で聴いた担当教授のこんな発言を、いまでもはっきり覚えています。それは「色がキレイな食品ばかり食べているヤツは、必ず20年後にガンで死ぬ！」という内容でした。食品添加物の危険を知らせるために、少々大げさに言ったブラフ（脅し）でしょうが、そのとき感じた驚きは、いまだに記憶に残りつづけています。

また、人は「感動」と「笑い」を与えてくれる相手には、強い「共感」や「好意」を抱くようになります。学生にとって、感動させてくれる、あるいは笑わせてくれる講師は、話を聴くべき「特別な相手」に変わります。学生の期待値が上がり、講義に対する「前のめり度」は、ほかの講師のそれとはまったく違うものになるでしょう。

講義中に、「驚き」「感動」「笑い」をつくることは、経験の浅い講師にはなかなか難しいかもしれません。事前にネタをしっかり仕込んでおく必要がありますし、ネタ自体は素晴らしくても、その伝え方が下手だと、思いどおりのリアクションは起こりません。マスターするには、ひたすらトライアルアンドエラーを繰り返していくしかないのです。

　三つのなかで「驚く内容」がもっとも話を考えやすいかもしれません。話の構成を少し工夫すれば、比較的簡単に聴き手を驚かせることは可能です。その工夫とは、テーマに関する「極端な話」を事例としてあげることです。「常識」や「平均」からかけ離れた「実際にあった極端な例」をもちだすのです。「ぶっ飛んだ事実」が効果的な驚きをもたらします。

　たとえば、講義のなかで「シニア市場」について解説するとき、「70歳以上のシニア世代は、平均２０００万円以上の貯金をもっています。この世代になっても、自分はまだまだ若いと思っている人が多く、消費意欲も旺盛です」といった話をしても、いまひとつ印象に残らないでしょう。

　もしこの話に「驚き」を加えるのであれば、「82歳の女性が豊胸手術をした」「イタリアで99歳と94歳の夫婦が離婚した」といった、極端な実例を話のなかで取り上げるのです。そうすることによって、聴き手のこのテーマに対する関心と記憶を、グッと高めることができます。

あと、「驚き」「感動」「笑い」の要素が入った話をするときは、自分の経験談として話すと、より効果的です。どんよりした空気だったとしても、経験談として話しだしたとたん、聴き手が一気に集中力を回復することがあります。これは、人は習性として、イレギュラーなことにワクワクするからでしょう。

抽象的な理論やノウハウは、授業のなかでは「レギュラー」の話です。結論もある程度は予測できます。それに対して、講師の個人的な経験談というのは、聴き手にとっては結論が見えないイレギュラーな話です。そのため、経験談を始めるだけで、聴き手にワクワク感が芽生え、集中力が一気に高まるのです。

最後に、「驚かせる」「感動させる」「笑わせる」話のネタを探すときに使えるキーワードをご紹介します。

私はいつも、このキーワードを頼りに、学生の目を覚ます話を考えています。

そのキーワードとは、「おおいたでばかにあう（大分でバカに会う）」。

「お」恐ろしい話（怖い話）

「お」おもしろい話

「い」痛い話
「た」楽しい話
「で」デタラメの話（ジョーク）
「ば」バカ話
「か」感激した話
「に」人気者（人気商品）の話
「あ」新しい話（ニュース）
「う」嬉しい話

この10の頭文字をもとに話を考えてみると、失敗することが少なくなります。ぜひ参考にしてください。

5　笑いの量と授業評価は比例する

最近はほとんどの大学で、授業終了後に、学生からの評価アンケートをとるようになりました。学生の授業評価を数値化し、結果は必ず講師にフィードバックされます。実質的には、この学生アンケートの結果が、講師契約を継続するかどうかの判断基準になっています。

当然のことながら、ほとんどの非常勤講師は、このアンケート結果を気にします。授業評価が思いのほか悪かったことにショックを受ける若手講師はたくさんいます。

どの講師も、「学生のためになる講義をしたい」という想いは共通です。そのために、毎日寝る間を惜しんで準備をしています。それにもかかわらず、学生からの評価が最悪であれば、講師としての自信をなくしてしまうのも当然です。

若手講師から授業評価に関する相談を受けたとき、私はいつもある質問を投げかけるようにしています。それは「講義中にどのくらい笑いが起こりますか?」という問いです。学生からの評判が悪い授業は、とかく暗くてどんよりしていることが多いものです。重い空気は、講義全体の印象を確実に悪化させてしまいます。

私の経験上、授業評価に関して、明確にあてはまる原則が一つあります。それは「**笑いの多い講義は評価が高くなる**」ということです。先ほど、講義内容には、「驚き」「感動」「笑い」が必要と申し上げましたが、そのなかでも、笑いがもっとも授業評価を上げるうえで効果的です。笑いの量と授業評価は、必ず比例します。笑いが多ければ多いほど、学生の講義に対する好感度は上がるのです。

笑いは、講師と学生の心理的なカベを取り払う効果があります。考えてみてください。どんなにユーモラスな相手だったとしても、その人が嫌いであれば、決して笑うことはないでしょう。そして、その逆もまたしかりで、人は笑わせてくれる相手に対し、好意や親近感をもつものです。学生の心理的なカベを取り払い、授業への参加意欲を高めるうえでも、講義中の笑いはきわめて重要な要素といえます。

また、講義中の笑いは、学生の創造性を高めるうえでも重要です。米国バルチモア大学のアリス・アイセン博士が行った調査によれば、人は何もしなかった場合と比べ、笑った後のほうが3倍以上も創造力が増すといいます。笑いによって、新しいものをつくりだす能力が確実にアップするのです。

私自身も、講義の準備をする際は、できるだけ笑いが起こるような仕掛けを織り交ぜるように心がけています。授業が成功したかどうかを図る一つの尺度として、笑いの量をもっとも重視しています。講義中に、狙いどおりの笑いが起こらないときは、かなり焦ります。

もっとも、こうすれば必ず笑いが起こるという法則は、まだ見いだせていません。その法則がわかっていれば、私はお笑いの世界で成功者になっているはずです。

ただ経験上、相手を笑わせるには共感を覚えさせる必要があるということは明確にいえると思います。

実は共感が笑いをつくるための前提になります。重要なのは、学生と同じ目線に立ち、話のなかに、相手にとって既知の要素を多くすることです。「わかる、わかる」「私もそう思う」とうなずいてしまうような内容であれば、比較的、笑いは起こりやすくなります。

「講義に笑いなんて関係ない。講師は知識や教養を正しく伝えさえすればいい」、と考える方もいらっしゃるかもしれません。

ただ学校の場合、それは違います。講師がいくら素晴らしい知識や教養を語ったとしても、心理的なカベがあるうちは、学生が話を素直に聞き入れることはありません。そして、そのカベを取り払うためにもっとも効果的な方法が、笑いを起こすことなのです。

6 「わかりやすい話」にするための方法

ジャーナリストの池上彰さんは、ニュース解説でいつもテレビ番組に引っ張りだこです。その人気はもう何年も続いており、池上さんに代わる人物はなかなか現れません。ご承知のとおり、正直、池上さんにとりたてて高いタレント性があるわけではありません。にもかかわらず、なぜこれほどまで長く人気を保ちつづけられるのでしょうか。

思うに、彼の人気の源は、難しい話をわかりやすく説明してくれることに尽きるといえます。池上さんの解説は、とにかくわかりやすいです。国際政治や経済問題といった、とっつきにくいテーマでも、池上さんの解説を聴けば、不思議とすんなり腑に落ちてきます。

人前で話をするときに重要なポイントは、なんといっても「わかりやすさ」。わかりにくい話は、聴き手の頭の中を混乱させ、しまいには「この人の話は聴きたくない」という思いにさせてしまいます。

現代の学生はウルトラマン。わかりにくい話をすれば、とたんに集中力を失います。とりわけ講師には「わかりやすい話」をする能力が必要とされるのです。

昔から講師業の世界では「難しいことを難しく説明するのは、ただの素人。難しいことをわかりやすく説明するのがプロ」といわれてきました。難しい内容を、専門用語を駆使して難しく説明するのであれば、素人にもできます。

しかし講師の本分は、聴き手に知識を正しく理解させること。プロである以上は、池上さんの域に及ばないまでも、常に講義のわかりやすさを追求しつづける必要があります。

ではどうすれば、わかりやすい講義ができるのでしょうか？　その方法を説明します。

まず話の構成を組み立てる際は**「一理三例(いちりさんれい)の原則」を心がけるべきです。一つの**

理論や結論を話すのに、具体的な事例を必ず三つ挙げるのです。そうすることによって、内容が格段に伝わりやすくなります。

講義のなかでは、どんなに素晴らしい理論やノウハウも、裏付ける具体的事例がないと説得力がありません。また理論やノウハウだけで終わってしまっては、内容が抽象的すぎて聴き手の頭に話が入ってきません。

わかりやすい話を聴いているときは、頭の中に、内容に関する絵がイメージできていることが多いもの。聴き手に絵をイメージさせるうえでも、話のなかに具体的事例をたくさん盛り込むことが重要です。

たとえば「現代の若者は安定志向が強く、保守的になっている」という事実をわかりやすく説明するために、私だったらこういう具体例を三つあげます。

（1）新入社員の海外赴任希望者が過去最低の割合

（2）結婚したカップルの半分は結婚式を挙げていない

（3）女性が結婚相手に望む条件は、「平穏な性格」「平均的収入」「平凡な容姿」

このような例をあげれば、聴き手の頭の中に具体的なイメージが思い浮かんでくるはずです。抽象的な結論でも一理三例で話を進めることによって、聴き手の理解度は確実にアップするのです。

もっとも、取り上げる事例は学生の興味をひく内容でなければなりません。いくら事例が具体的でも、内容がおもしろくなければわかりやすい話になりません。具体的であればどんな事例でもよいわけではなく、その内容も重要です。

そのためには、どんな事例が学生の興味をひくか、普段からリサーチしておく必要があります。私の経験上申し上げると、195ページでもふれた「極端な例」をあげると、失敗が少なくなると思います。

普段、私が講義の準備をするときは、事例の選定にほとんどの時間を費やします。テレビ、新聞、ネットなど、あらゆる情報源にふれて、おもしろい事例がないか探しています。理論一つあたり三つの事例が必要ですから、時間はかかります。ただ選定した事例の良し悪しによって講義の成否が決まりますので、事例探しに妥協することはありません。

講師の本分は聴き手に知識を正しく伝えること。それには話がわかりやすいことが絶対条件となります。そのためプロの講師は、話をわかりやすくするための努力を続けているのです。

7　アメとムチのバランスが重要

現代の若者に対して、あなたはどのような印象をおもちでしょうか？

おそらく、「おとなしい」「何を考えているかわからない」といったネガティブな印象をもっているかもしれません。

はたして現代の若者は、以前と比べて本当にダメになっているのでしょうか？毎日のように学生と接している私自身は、彼らに対して一般の人とは違う印象をもっています。実は現代の若者は、驚くほどよく頑張ります。サボらずに、何でもまじめにしっかりやります。むしろ向学心や成長欲求は昔より高くなっています。

ただ、一見、覇気がなく見えるかもしれません。熱い想いや過剰な情熱をもった学生は、確かに少なくなっています。フロンティア精神に乏しく、人が通った道でなければ通りたくないとばかり、何事も慎重に行動する若者が多くなったように感じます。

おそらくこれは、生まれたときから不景気だったという時代背景が影響しているのでしょう。周りにあまり成功事例がなく、常に先が見えない社会環境のなかで育ってきたため、何事に対しても保守的になるのは当然かもしれません。時代が若者を委縮させてしまったのです。

では、このような若者をうまく指導するにはどうすればいいでしょうか。私は「**アメとムチをうまく使い分けること**」が重要だと考えます。この使い分け方次第で、いまの若者を大きく成長させることができると思っています。

講師が学生に与える「アメ」とは何か？　それは具体的にいうと、「褒めてあげること」です。これが一番、効果があります。いまの若者は褒められたい願望が強いので、些細なことでも認めてあげれば、力を発揮するようになります。

日本人は概して褒めるのが下手ですが、学生を指導する立場の人であれば、臆面もなく褒めることができるようにならなければいけません。

褒め方は、大げさに、そして結果だけでなくプロセスも評価してあげることが重要です。本人の良い点はすべて肯定してあげるのです。「この講師は自分のことを認めてくれる」と感じれば、その学生の講義に対する受講意欲は格段にアップします。講師は、ことあるごとに学生を褒めてあげたほうがいいのです。

ただし、明らかな嘘やおべっかは必要ありません。それはむしろ逆効果になります。学生は、そういう虚構をすぐに見抜きます。あくまでさりげなく褒め言葉を盛り込むのがポイントです。


一方、「ムチ」でもっとも有効なのが、講師が学生にハードな課題を課すことです。最近の学生は頑張ることを嫌がりません。むしろ自分の成長につながると思えば、進んでハードな課題を受け入れる若者のほうが多くなっています。

自分だけが取り残されることに不安を感じやすい面があるので、周りのみんながやるのであれば、自分も頑張ろうと素直に指示に従います。ハードルの高い課題を与えたほうが、学生のやる気と成長欲求が刺激され、ポジティブな結果につながることが多いのです。

もし思うような成果が出せなければ、叱咤激励をし、ときには愛情をもって厳しく注意します。逆に、努力して良い結果を出したときには、思いっきり褒めてあげます。アメとムチを極端に、かつバランスよく与えることが重要です。

普段、私は講義のなかで、自分の関心のあるテーマについてパワーポイントを使って一人10分間で発表させるようにしています。消極的な学生が多いので、最初はクラス中から「えーっ！」という不満の声が上がります。人前で話したことのない彼らにとって、このような課題は最大の「ムチ」と感じるはずです。

ただ、このプレゼンは将来必ず君たちの役に立つと説くと、最終的には全員が課題をやってきます。そして、クラスメイトの発表をみて「自分も負けたくない」と競争心をあらわにしはじめます。過剰な情熱がみられなかった学生が、こういうときは別人になります。

自分の発表が終わった後に、全員が異口同音に口にするのが「やってよかった」というひと言。そのときは、私は必ず彼らに最大限の褒め言葉を送るようにしています。

いまの若者は、自由放任でただ甘やかすだけでは育ちません。かといって、やみくもに厳しくすればいいというわけでもありません。アメとムチをうまく使い分け、彼らの意欲と能力を引き出す働きかけが必要なのです。

8 人気講師は常に知識やスキルをブラッシュアップさせている

人気講師って、小さなころからおもしろいことが話せる、天賦の才能をもった人だと思いますか？

決してそんなことはありません。人気が出るのは、それなりに理由があります。学生に支持される講義になるよう、日々、努力をしています。

よく人前で話をするには、講義時間の3倍は予習しなければならないといわれます。ただ人気講師とよばれる人に限っては、3倍の準備時間どころではないはずです。おそらくほとんど人は、毎回講義の10倍以上の時間をかけて準備をしています。言い方を変えれば、そのくらい努力を重ねなければ、学生の心をつかむことなどできないのです。

講師のなかには、「学生とは圧倒的な知識差があるのでごまかせる」と考えて、手を抜く人が必ずいます。

何年も更新していないテキストを使って、どのクラスにもまったく同じ内容の講義をしているベテラン講師がその典型です。ただ学生は毎日たくさんの講義を聴いている「受講のプロ」。そういった講師の手抜きはすぐに見破ります。

そして「この講師は自分たちのために全力を出していない」と思った瞬間、学生の側も全力で講義を聴こうとはしなくなります。このような講義は、とかく緊張感のない、だらけた雰囲気になってしまいます。

講師は、学生の満足度を高めるため、学生のレベルやニーズに合わせて講義をするのが理想です。

考えてみてください。たとえば「環境問題」をテーマに講義をするとき、相手が小学生の場合と高校生の場合とでは、当然、話の構成や説明の仕方を変えるはずです。あるいは、「米軍基地問題」について話す際、聴き手に沖縄出身者が多ければ、取り上げる事例は、沖縄人の常識や想いにあわせて選定したほうがいいでしょう。

つまり学生の共感を引き出そうと思えば、たとえ同じテーマでも、レベルやニーズに合わせて内容を変えていかなければならないのです。

人気講師とよばれる人は、こういった学生満足度を高めるためのカスタマイズをしています。そして日々新たな情報を収集し、既存の知識やスキルをブラッシュアップさせています。

人気講師というのは、生まれつき話がおもしろい人ではなく、話がおもしろくなるよう普段からしっかり準備をしている人なのです。


私自身も講師になりたてのころは、講義準備に相当時間をかけていました。学生が喜びそうなネタを仕込むくらいでは不安で、90分で話す内容を、一言一句文字におこしたカンペを作って授業に臨んでいたくらいです。それでも当初は思い通りにいかないことが多く、反省を繰り返す毎日を送っていました。

さすがに最近は、一言一句シナリオを書くようなことはなくなりましたが、講義で使えるネタ探しや、最新の知識を仕入れる作業は、いまでも日常的に行っています。

最後に、私が普段から実践している知識のブラッシュアップ法をご紹介します。

たくさんあるように感じるかもしれませんが、個人的には、これでも不十分で、まだまだ時間をとらなければならないと思っています。

・講義に関する一般書を読む（月に最低3冊）
・最新の学術論文を読む（月に10本程度）
・新聞、雑誌、ネットなどで気になったニュース、話題、雑学を仕入れ、講義ノートに記入する（週2～3回）
・学会の研究会や講演会に参加する（月2～3回）
・同業の講師の講義、セミナー、講演を聴講する（月2～3回）
・講師仲間と交流し、情報交換を行う（月1回）

良い講義を行うために、講師は常に知識やスキルをブラッシュアップさせなければいけません。そのための努力を惜しまない人だけが、人気講師になる資格をもてるのです。

この章のまとめ

- **非常勤講師業は、十分な活躍ができなければすぐにクビになる厳しい世界である**
- **学生のことを常に考え、研究している人は、必ず人気講師になる**
- **現代の学生はウルトラマン。集中力を持続させるために既知の話を多くすべき**
- **講義に「驚き」「感動」「笑い」の要素を入れると、学生の集中力は持続する**
- **笑いは講師と学生との心理的なカベを取り払い、授業評価を高める効果がある**
- **「一理三例」の原則によって、話をわかりやすくすることを心がけるべき**
- **若者を指導するときは、「アメとムチをバランスよく使い分ける」ことが重要である**
- **常に知識やスキルをブラッシュアップさせなければ、人気講師になることはできない**

コラム❻

その人の未来を変える人になりなさい

陽炎が立つ陽気になった4月。場所は東京の短期大学。

前任者が急に退職したためにピンチヒッターとして、1カ月前まで女子高校生だった彼女たちの前で登壇することになりました。

あなたが男性なら、10代の女子学生の前で登壇できるなんて羨ましいと思うかもしれません。実際何人ものセミナー講師仲間に羨ましいと言われました。

しかし現実は甘くありません。

「これは前の人が辞めるのも仕方がないな」というほどの騒ぎっぷり。

飲んでる？

内乱？　戦場？

初売りの百貨店？

爆買いする外国人のいる秋葉原……？

一人ひとりは良い子なんです（本当に）。でも集団になると1000倍の力を発揮するのが10代女子。

メチャクチャうるさい学生たちに、何度も心が折れそうになりました。しかし、ここで投げだすわけにはいきません。

紹介してくれた講師の顔を潰すことにもなる。せっかくこの子たちと、縁あって知り合ったんだ。何かを伝えなければいけない。

さまざまな思いで講義を続けることにしました。杓子定規な講義を行っても聴いてくれない。そこで会計の話をするにも実学を織り交ぜて話すように切り替えました。


「保証人と連帯保証人の違いって知ってる?」

「そもそも保証人になって、お金を返せなかったら、どうなるかわかる?」

「お金を返さなくても、許される方法はわかる?」

「白い無地の用紙に実印押したとき、どんな危険があるかわかる?」


高校のときには知らなかったこと。大人が教えてくれなかった実学を織り交ぜながら講義を進めました。

1人聴き、2人聴き、どんどん興味をもちスマホを置いて、顔を上げてくれる学生が増えていきました。

最終講義の日。

何名かの生徒がお金を出し合ってお菓子や栄養ドリンクをくれました。

合計しても1000円未満（笑）。

でも本当にお金がなくて、マックに行っても飲み物は水。コンビニのおにぎりは塩むすび。水筒持参で缶ジュースは飲まない。そんなことを知っていたので、なんだかジーンときました。

大人の1000円と子供の1000円の価値は違います。大人になれば1回の外食で払える金額です。

以前「100円のコーラを1000円で売る方法」（永井孝尚著・中経出版）という本が流行りましたが、ここでもらった1000円分のプレゼントは10万円以上の価値がありました。

教えることは素晴らしいですよね！

他界した父が言っていました。

「その人の未来を変える人になりなさい」

自分の知識を伝えることで、彼女たちの未来に役に立つ知識を少しは増やしてあげられたかなと思うのです。

石川和男

おわりに

石川和男です。いかがでしたか？　あなたがこの本を手に取る前は、

「大学で登壇するなんて無理！」

「サラリーマンの自分が登壇する方法なんてあるの？」

「イヤ、自分は20年間営業一筋だし、人に教えたこともないし……」

など「どうせ無理！」という気持ちをもっていたかもしれません。

読み終わったいまは、どうでしょうか？

「自分の専門性を活かすことができれば登壇することも可能なんだ!!」と、自信をもっていただけたと思います。

登壇といっても千差万別。教授として専念する道もあれば、非常勤講師としてサラリーマンを続けながら実学を伝える道もあります。大学、短大、専門学校……、登壇できるステージも多岐にわたって用意されているのです。

私がこの企画を書籍にしたかった理由は、私自身も無理だと思っていた登壇というステージ。このステージにあなたも登壇できる可能性があるということをお伝えしたかったからです。

10年の間にさまざまな場所で登壇しました。ここだけの話ですが、出身大学よりも偏差値の高い大学で登壇したこともありました（笑）。

私は「先生一家」の家庭で育ちました。

父と祖父の最終経歴は小学校校長。母は茶道の先生。祖母、姉2人は保育園の先生。

7人のうち6人が先生という肩書き。まさに先生一家です。

小学生のころに固定電話に出ると「もしもし先生いますか？」と先方の第一声。

私は「自分以外全員先生なんだけどな〜」と思っていました。

中学生になると声変わりをして父と声がソックリになりました。掛かってきた固定電話に「はい、石川です！」と出ると「先生ですか？」とよく間違われました。

「この人、7分の1の確率で間違えているな〜」と思ったものです。

大学に入り教員免許の資格を履修しました。父や祖父の縁故もあるので免許さえ取ればどこかの教員にはなれたと思います。

しかし大学3年の夏、教員免許の履修を突然辞めてしまいました。親の敷いたレールに乗るのは嫌だったのです。大学生になってからのまさかの反抗期。そして留年。父も親子三代教員というのを楽しみにしていたので、履修を辞めたことを、口には出しませんでしたが悲しんでいたと思います。

5年かけて卒業。バブルの波に乗って民間企業に就職。当時は終身雇用、年功序列の時代。転職など考えられない時代でした。家族全員が先生とよばれる仕事に就いていたのに、私が民間企業に就職した時点で、それも途絶えてしまいました。その当時は、途絶えさせてしまったという罪悪感をもっていました。

その後、人生を変えるために税理士になることを決意。勉強に専念するため30歳で会社を辞めて無職になりました。2年で貯金も底をつき建設会社に再就職し、働きながら10年で税理士試験に合格しました。その間に父が他界。

現在は、大学講師、専門学校講師、税理士、著者と先生とよばれる肩書きを複数もっています。

「父さん。結局オレも父さんと同じ先生とよばれる仕事に就いているよ！」

いまさらながら「少しは親孝行できたかな」という気持ちと、元気なうちに報告できていたらなという後悔が入り混じっています。


父が生前よく言っていました。

「自分の持ち物を人に渡すと相手の物になり、自分の手元から無くなる。しかし、自分の知識を人に教えても無くならない。自分の知識は減らないまま、相手の知識にもなる。これが教育だよ」

他界した父の言葉を大学で登壇するたびに思い出します。


登壇の最大の魅力。

それは教育を通して自分の専門性や経験、想いを、次世代を担う若者たちに引き継ぐことができるということなのです。

おわりにのおわりに

「人気講師が15名集まり一人10分の時間で言いたいことを話す」。そんなセミナーに出演したときに、編集者の樋口博人さんと知り合いました。

私の「昼間はサラリーマン。日曜日は専門学校で簿記講師。平日夜は大学で非常勤講師……」という自己紹介を聴き、編集者魂に火がついたのか、サラリーマンが大学で登壇することができることに興味をもってくれたのか、会った瞬間「本にしたい」と言っていただいたのを覚えています。

しかし、私には、この企画を世の中に出したいという情熱はありましたが、本を1冊書き上げるだけのコンテンツをもっていませんでした。

そこで講師の仕事を紹介してくれた「講師のプロ」、千葉善春先生に相談したのです。共著を快く引き受けていただき、世の中に素晴らしいコンテンツをお伝えすることができました。

この本は千葉先生がいなければ不可能だった企画なのです。

また出版にあたりご協力いただいた多くの方々にも、この場を借りてお礼申し上げます。

人生で一度は登壇したい、人にかかわっていたい、自分の思いを後世に引き継ぎたいと思っている人は大勢います。でもその99％の人は、自分にできるわけがないと思っています。その気持ちを変えるために、千葉先生と一緒にこの本を出版しました。

あなたが、近い将来、大勢の若者の前で登壇することを楽しみにしています。

最後までお読みいただき、本当にありがとうございます。

石川和男

石川和男
いしかわ・かずお

1968年、北海道生まれ。全員合格の高校、名前さえ書けば受かる夜間大学に入学。バブル期に建設会社に入社。経理部に配属されるも、簿記の知識がゼロで上司に叱られる毎日を過ごす。将来への不安感から勉強をはじめる。日商簿記、宅建、建設業簿記など難易度を上げながら各種試験に合格。建設会社を退職し、税理士試験に挑戦。勉強中に専門学校で講師として採用される。また建設会社にも再就職。2つの仕事をしながら税理士試験に再度挑戦。足掛け10年で合格。現在、サラリーマン、大学講師、税理士など5つの仕事を掛け持ちしている。著書に『30代で人生を逆転させる1日30分勉強法』『30代で人生を逆転させる残業ゼロの時間術』（ともにCCCメディアハウス）がある。メールアドレス：ishikawa@mimaki-tax.com

千葉善春
ちば・よしはる

1970年、北海道生まれ。大学を卒業後、大手家庭用品メーカーに就職し、約12年間にわたってサラリーマン生活を送る。在職中に社会人大学院に通い、修士号を2つ取得する。36歳のときに独立。現在は、人材マネジメント関連のコンサルティングと企業研修を行う会社を経営しながら、自らも研修、セミナー講師として登壇している。高等教育機関の教員としては、この10年間で、全国12校の大学、短大、専門学校で非常勤講師を務めた経験をもつ。これまで教えた学生の数は8,000人を超え、そのうち半数以上を外国人留学生が占める。現在も、本業をしながら年間200日、500コマ以上の授業を行う、「スーパービジネスパーソン講師」である。メールアドレス：chiba.yudai@careermanagement.jp

一生モノの副業
この1冊でわかる大学講師のなり方

2016年6月10日　初版第1刷発行

著者 …… 石川和男　千葉善春

発行者 …… 小柳学

発行所 …… 株式会社左右社
東京都渋谷区渋谷2-7-6-502
Tel. 03-3486-6583　Fax. 03-3486-6584
http://www.sayusha.com

装幀 …… 松田行正＋梶原恵

印刷·製本 …… 創栄図書印刷株式会社

ISBN978-4-86528-147-7